上海**教师教育**丛书
知会书系

袁晓英

主编

班主任舞步

班主任感兴趣的16个话题

上海教育出版社
SHANGHAI EDUCATIONAL
PUBLISHING HOUSE

上海教师教育丛书编委会

本书编委会

主　编　袁晓英

副主编　王　英

编　委　（以姓氏笔画为序）

丁向阳　丁鑫美　刘思薇　严励昕

李　佳　陈中山　周海鹰　胡丹英

顾　艳　顾燕文　龚瑾晔

总　序

　　教育改革的步伐已经进入了关注教师发展的新阶段。不是因为课程改革已陷于制度性疲倦，不是因为评价改革终将受制于社会发展的瓶颈，也不是因为我们拥有超过千万的中小幼教师队伍，每年有数十万的青年人正在进入这个领域。课程也好，评价也罢，根本上它们都内在于教师。拥抱"教师的年代"，不在于讨论有多少以教职为生计的人，而在于如何拥有师者的内在品质，值得学生效法，使自己从一名教者成长为一名真正的师者。

关注教师是国际教育改革的普遍趋势

　　制度化教育确立以来，课程长期占据着学校教育的中心地位。直到 20 世纪 60 年代，国际教育界才开始把视线转向教师。这是由于课程、教学、评价、管理这些学校层面的所有改革，最终都离不开教师。尽管半个世纪以来，教师职业到底算不算专业还存有不同的看法，但关于教师的专业化问题持续受到广泛关注。

　　中国向来具有别于西方的教育传统。中国古代教育有重教师、轻课程的传统，唯这种传统并未演化成现代意义上的教与学的机制，更未形成制度化的学校，因此循着传道授业解惑的路径发展教师素养的希冀，愿望虽好，但缺少登梯之阶，难以形成规范。近年来，随着教育国际交流的增进，尤其是上海学生在 PISA 项目中的表现，引来国际社会对中国教师组织化程度经验的关注，其中教研组和集体备课被认为是两大亮点。因为在西方，教师的教学行为被认为是从属于个人的专业行为，即便是同行也不得任意干预，可以想见，其结果便影响到授业与指导经验的传播。问题是，中国学校教研组的形式究竟以怎样的方式引导教师提升专业能力，尚缺乏充分的论证和公认的成果。理论上来说，一个组织如果确实发生了影响，既有可能是正面积极的，也有可能是负面消极的。教研组对于教师的影响,既未被证实也未被证伪,能否成为经验尚待科学论证。至于集体备课,不久前在上海对近8000名中小学幼儿园教师所进行的问卷调研显示:面对庞杂的课程事实和众说纷纭的教师要求,一大批成长期的教师从茫然不知所措,到随波逐流;而所谓"成熟期"的教师则顾影自怜地停留在自我经验的世界中,真正知识讲授型教师则难觅踪影。教师发展的局限已成为深化课程改革的短板,这样的局面不改变,教育质量有大滑坡的风险。

教师的成熟需要积累丰富的社会实践

在汉语中,我们把师者称为"老师",一般解释其中的"老"无义,表尊敬。其实《荀子·致士》中强调了做老师有四个条件,其中一条曰"耆艾而信,可以为师"。古人把50岁的人称为"艾",把60岁的人称为"耆",把70岁的人称为"老"。这或是"老师"称谓的早期由来。可见,年龄本是成为教师的一项先决的基本条件。只是在制度化教育出现以后,尤其是以分科为特征的知识传授成为学习的基本模式形成以来,这种年龄的限制才被取消。

古人为什么会对为师者设置年龄限制,是因为教师的职业属性是一名"杂家",这样的"杂家"不经过长期的、丰富的社会实践积累,是难以炼成的。在今人眼里,"杂家"似乎意味着专业程度低人一等。其实,无论是在古代中国还是在近代西方,强调的都是社会中的个体应具备多方面的才能。孔子所谓的"君子不器"不是在谈"杂家"吗?而马克思关于人的全面发展又何尝不是在谈"杂家"呢?及至当代,"把一个人在体力、智力、情绪、伦理各方面的因素综合起来,使他成为一个完善的人,这就是对教育基本目的的一个广义的界说"(《学会生存》)。这句话表明"杂家"较之于"专家"更近于"完善的人"。教师面对的是多姿多彩的学生,每个学生都有各自的阅历,他们的家庭、他们的生活、他们的所见所闻都不尽相同,每个学生都是一个完整的世界,每个学生又都是一个独特的世界。教师要想成为学生精神生活的指引者,自己必须是一个精神生活丰富的人。而精神生活丰富的基础就是有渊博的知识,不仅是专业知识,而且是与之相关的各方面的知识。

岗位成长已成为教师专业发展的共识

我们拥有成熟的师范教育体系,拥有完备的教师任职制度,是否就意味着我们拥有了优秀教师的培养机制？想要回答这一问题，须明了教师是师范院校培养的吗？教师资格认证制度是从教的当然资质吗？

教师知识与技能的习得途径主要有三种：一是书本阅读，二是课堂知识传授，三是实践体悟。前两种可以通过岗前培养与训练获得，后一种则需要在岗锻炼习得。这就意味着，一名真正合格的教师无法在职前培训中完成，亦无法依靠教师资格认证制度自然解决。这也可以解释为什么近年来相当数量的示范性高中多从综合性大学招收新任教师，是示范性高中教学要求低，还是这些学校无视教育的专业属性？答案显然不是。教师的专业性主要不在于"知"，而在于"行"，即一名教师在从教岗位上的实践、探索、体验、反省和觉悟。可以认为，教师是在岗位实践中自我型塑的，师范院校也好，综合性大学也罢，都不过是为一名教师从教所做的预判性准备。

所谓教学，不是教师把知识从书本上搬家一样送到学生面前，它必须融入教师自己的透彻理解，没有教师的透彻理解很难有学生的透彻理解，"以其昏昏，使人昭昭"的事在教育上是难以发生的。在教师透彻理解的基础上，还必须考虑知识传授的方法。采取什么样的方法，除了教师的个人喜好外，还涉及知识的难易程度、学生的接受程度以及教学资源的承受能力等因素，取舍之间，包蕴着非常丰富的个性化知识。一名真正的优秀教师拥有丰富的个性化知识，犹如中医问诊中的察颜把脉。这种知识无法仅仅通过书本研读和知识传授获得，需要通过实践不断揣摩，从而得到一种内化了的知识。显然，它是一种非常个人化的特殊知识，需要教师在对每个学生"辨症"施教中不断积累，其习得主要依赖于教师的个人努力。由此，可以得到一条简单而又明确的结论：帮助一名从教者，使之成为一名真正的师者。可以说，帮助数以千万计的从教者，使其早日成长为师者，这是今日中国教师教育领域的一项重大课题。

助推教师成为教育的思想者、研究者、实践者和创新者

国家兴旺，教育为本；教育优先，教师为基。持续了半个世纪的教育改革浪潮把教师发展推到了历史的前台。在当代教育的历史进程中，教师不是单纯的任务执行者，而是教育的思想者、研究者、实践者和创新者。在专业发展的路径上，教师的主体地位、精神和意识得到了时代的推崇，教师专业化发展

和对教师的重新发现将对教育产生重大影响。可以说,教师问题的重要性已无须讨论,而应考虑如何实践。

新一轮课程改革呼唤着教师创造性地施行教与学的行为。吊诡的是,一大批被应试教育熏陶出来的青年走上讲坛,他们却被要求培养有创新能力的学生。面对变化了的教学材料和教学要求,是施教者的一脸迷茫和不知所措。英国教育家沛西·能曾说过,教师是学生学习的最大动力。问题是,迷茫中的施教者如何才能让自己成为学生学习的动力呢?

基于上述认识,由上海市师资培训中心主持,联合上海师范大学、华东师范大学以及上海教育出版社等单位,倾力研发并打造了这套"上海教师教育丛书"。本丛书由"知会书系""知新书系"和"知困书系"三部分构成,分别聚焦新教师的教学规范、校本的教师研修经验以及优秀教师的成长启示,旨在从岗位上助推有资历和创造性的教师成长,这是我们的理想和愿望。

鉴于本书系不仅是上海也是国内自改革开放以来第一次全面系统开发的教师在岗培训教材,限于能力和水平,在编写过程中尚有诸多局限和不足,乞教于方家,不吝批评指正!

上海教师教育丛书编委会
2017 年 4 月

前　言

　　为落实立德树人根本任务,构建教师队伍发展格局是重中之重。班主任是中小学教师队伍的重要组成部分。班主任工作是学校教育中极其重要的育人工作,它既是一门科学,也是一门艺术,重在以心育心、以德育德、以人格育人格。因此,班主任岗位是一个需要具备较高素质和人格魅力的专业性岗位。

　　如何成为一名具有专业知识、专业技能、专业道德的优秀班主任,既是一种踏破铁鞋的追求,又是一种柳暗花明的境界。随着时代的发展,这一角色的内涵也在与时俱进。对每一位初任班主任而言,其职业素养、感召魅力无时无刻不在经受考验。那么,初任班主任最应该关注什么? 如何拓展专业内涵,提高专业水平,从而达到趋于完善的自我成长和助人成长的目标?

　　本书是一本旨在教会初任班主任如何实践操作的工具书。针对班主任角色定位,班集体创建,两种主题课的魅力,班主任与学生、家长、任课教师之间的角色关系,品德评语、案例、随笔、课题的撰写等实际问题,本书用话题的形式娓娓道来,并给予了切中肯綮的实践原则和行之有效的操作方法。

　　本书从时代要求、心理视角、一线经验等角度切入,致力于班级文化建设的细节描述与案例呈现,以情感人,以例导行,图文并茂,知行合一。希望广大初任班主任能看得进、学得会、抓得牢、用得来,最终玩得转,从而扩充本体性知识,提升岗位素养,增强教育信念,坚定教育梦想,提升个人价值和社会价值。

　　祝愿初任班主任们都能沿其路,循其川,足履实地,行稳致远,在星辉斑斓里放歌前行!

　　由于编写时间和水平有限,书中难免有不妥之处,恳请读者批评指正。

编者
2023 年 5 月

目　录

Part 1

做一个有魅力的班主任

话题 01　班主任的"十八般武艺"

 问题导引

班主任在教育管理过程中的多重角色如何体现?

在求学生涯中,你印象最深的是哪类教师? 估计大家首先想到的就是班主任。因为班主任博学多才,是和你最亲近的人;因为班主任最了解你,能以爱的力量感化你;因为班主任能与家长一起呵护你、培养你、锻炼你,引导你健康、快乐成长。一线班主任以他们对教育的热情指引着一批批年轻的生命走向社会舞台,实现人生理想。王晓春老师在《做一个专业的班主任》一书里,把班主任的角色定位为教育型的管理者、学习指导者、学生的平等对话者、学习者、心理工作者和家庭教育指导者等。

一、班主任的责任意识

心中有大爱,春风育桃李。班主任要对每个学生循循善诱,以满腔热情全身心地关注学生成长,用执着恒心做好学生成长的引路人,并用实际行动践行教育者的责任担当。

责任心是班主任工作的原动力,是做好班主任工作的关键。一般来说,班主任对学生的学习、生活乃至未来的影响,是任何一位普通任课教师都无法比拟的。因为班主任具有科学的工作方法以及较强的管理能力和教育艺术,他们的责任心是增强班级荣誉感和凝聚力的基础。

以自我人格魅力引导学生成长为具有个性的青少年,这是班主任最直接的教育职责。学生犹如一棵棵正在成长的小树,既需要阳光雨露的滋润,又需要施肥、剪枝、除虫等。班主任关心爱护学生,就必须从思想上、学习上、行为上对学生提出严格要求。对学生严格要求并行之有效,靠的不是死板说教和分数压制,而是身体力行和言传身教。明代教育家王阳明曾说过:"数子十过,不如赞子一功。"学

生一旦从教师赞许的眼神、真诚的微笑、由衷的赞许中意识到被重视、被赏识,便会感到无限的温暖,进而点燃希望之火。

(一) 为人师表

班主任既是学校中全面负责一个班级全体学生的思想、学习、健康和生活的导师,也是一个班级的领导者与管理者。班主任与学生之间关系最密切,其话语、思想也影响着学生的未来。古人曰:经师易遇,人师难遭。如果一个学生能有幸遇到好老师,好老师身上所具有的魅力就能深深感染学生,既而成为学生的榜样与典范,让学生信服。

我们经常听人说,什么样的班主任就会带出什么样的班级。一个班级能否"活"起来,首先要看班主任是否具有表率作用。因为班主任的精神面貌对学生具有强烈的示范作用,所以班主任既要乐观开朗、充满朝气,也要在学生面前做到精神振作,情绪高昂,用语幽默,态度和蔼,风度从容,姿态洒脱。一个真正有魅力的班主任,则应具有专业的学科素养、一定的学识、广泛的见识和平稳的情绪,并能公正公平地对待每个学生。

(二) 尊重学生

尊重是人类的一种高级需要。只有当学生在学校得到尊重、肯定与关注,且其内在的合理要求被满足时,他才会成为学校的主人,进而也会主动关心班级,对班级、伙伴负责。因此,班主任要坚持把尊重放在首位,用仁爱之心善待每个学生,这样才能走进学生的心灵世界。

在教育教学过程中,班主任要坚持注重人的发展,体现以人为本的发展理念,允许学生犯错,也要立场坚定,爱憎分明,尊重学生。既让孩子们在爱的目光中迎接自信的阳光,也让孩子们在和谐的班集体氛围中学会成长。因此,班主任应该学会赏识学生,学会拉近与学生的距离,这样才能激发学生的无限潜能。

(三) 关爱学生

班主任对学生的爱,表面上是一种教师对学生的爱,事实上是师生间的一种爱的传递。教师关爱学生、尊重学生、信任学生,必然也会得到学生的尊重、信任、爱戴和支持。苏霍姆林斯基说:"我敢拿脑袋担保:如果学生不愿意把自己的欢乐与痛苦告诉教师,不愿意与教师开诚相见,那么,谈论任何教育都终归是可笑的,任何教育都是不可能有的。"因此,如果班主任想要了解学生的内心世界,就必须打开他们的心灵之窗,而打开心灵之窗的钥匙就是爱。

林崇德教授在《教育的智慧:写给中小学教师》一书中这样写道:"疼爱自己的孩子是本能,而热爱别人的孩子则是神圣。因为不论是人类还是动物,都疼爱自己的孩子,母鸡为护小鸡而奋起,狗为护幼崽而狂吠,这些都是一种本能的反应;人类对孩子的爱虽然要丰富和广阔得多,但究其本质来看,也是建立在血缘关系上的本能性的行为。然而对学生之师爱却出自教师的职责,这种爱是一种无私的、广泛的且没有血缘关系的、严慈相济的爱;这种爱是神圣的爱,是一种促使学生成才的真情。这种爱是教师教育学生的感情基础,学生一旦体会到这种感情,就会'亲其师',从而'信其道'。"

二、班主任的五大作用

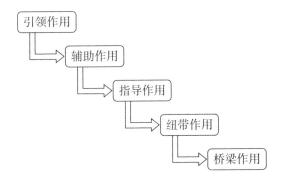

图 1-1　班主任的五大作用

(一) 班级管理中的引领作用

在班级建设过程中,班主任坚持以学生为主体,因此在班级管理中发挥着引领作用。既要创设丰富的学习环境,鼓励每个学生积极参与其中,奉献自己的智慧,争做班级小主人,也要积极发挥每个学生的岗位作用,使包括班干部在内的所有学生的作用得以充分体现。

(二) 学生情感上的辅助作用

不难发现,当下的学生在情感方面的需求比较突出。由于学生来自不同的家庭,甚至来自不同的城市,大家聚在一起学习,各自的情感需求具有差异性。班主任作为"一家"之长,要统领全局,站在学生视角来捕捉学生的内心需求,给予情感的辅助。

（三）学生发展中的指导作用

班主任在注重以德育人的实践中，通过多种形式进行德育教育，培养新时代德智体美劳全面发展的社会主义建设者与接班人。在以人为本的发展理念指引下，班主任要多角度、多纬度地深入发掘学生的内在价值，让每个学生绽放不一样的生命光彩。

（四）任课教师间的纽带作用

班主任工作对任课教师的教学起到促进作用，任课教师在教学中的德育渗透又对班主任工作起到积极的补充作用。他们彼此间相互沟通、相互融通，共同研究教育教学问题，形成扎实有效的合力。

（五）家校社间的桥梁作用

"实现各级各类教育纵向衔接、横向沟通……学校教育与社会教育、家庭教育密切配合、良性互动，形成网络化、数字化、个性化、终身化的教育体系。"家校协同育人旨在通过理念融合、优势组合、资源整合，形成新的目标共同体。重视家庭教育，深化家校合作，建立家校社一体化育人机制，既是时代所需，也是社会所盼。班主任不仅是知识技能的传授者以及班集体的组织者和管理者，还是学生思想品德的培育者和健康成长的引路人。既能协调任课教师，起到纽带作用，又能主动沟通家校社，起到桥梁的架设作用。

三、班主任的多重角色

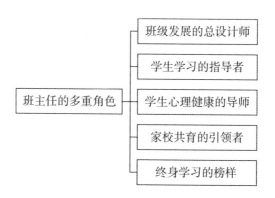

图 1-2　班主任的多重角色

（一）班级发展的总设计师

班主任在班级管理中扮演着十分重要的角色,他们的工作方式和成效直接影响并决定着班级的整体精神面貌和发展方向,同时深刻影响着学生德智体美劳全面发展。班主任是有效的班级管理者,要以自身的人格魅力,做到以心育心,以德育德。

作为班主任,要创设温馨和谐的班级氛围,规划班级整体发展蓝图,带领学生主动发展,并形成良好的班风和学风,创建适合学生成长的班级文化,让班级建设充满人文气息,鼓励学生关心班级、团结同学,树立良好的班集体意识。同时,要注重精心策划活动,调动和发挥各方面的积极性,增强班级凝聚力,形成集体感染力,使学生之间相互影响、相互促进。要让学生更加主动地融入集体,拥有关心集体、爱护集体的良好愿望。班主任要充分利用这种本质特点,鼓励学生积极主动地为班级成长制定方案,营造出人人参与班级管理的良好格局。

（二）学生学习的指导者

作为班级的学习主体,学生在学习过程中难免会遇到困难或挫折。当他们感到无助时,需要伙伴、教师给予帮助。作为班主任,要及时走近学生,从多方位提供源源不断的帮助,让他们学会学习、学会生活、学会运用、学会创造,并在学习过程中养成自主学习精神。

（三）学生心理健康的导师

班主任对学生的爱是一种博爱,是一种大爱。这种爱要均匀地洒在每个学生的身上,温暖每个学生的心田。懂事、善良的学生需要爱,调皮、捣蛋的学生需要爱,不用功、学习薄弱的学生更需要爱。那么,对于班级中有不良行为习惯、学习困难、个性有差异、心理健康缺失的学生来说,班主任该如何正确引导?

作为班主任,不仅要有专业的心理学、教育学知识,还要结合生活实际,做到理论与实践的融会贯通,更要走进学生的内心世界,做他们心灵上的导师、教育上的好伙伴、生活中的"好家长"。在教育中,班主任要坚持做到"三个心",即细心、关心、耐心。不同年级的不同学生在学习认知、发展水平上是不均衡的,如何让每个学生都得到全面和谐的发展?针对那些需要帮助的特殊学生,班主任要善于观察,在各方面引导、指导、锻炼他们。因此,班主任要学会以儿童的视角去理解他们,感知他们的心灵。当学生遇到困难时,班主任要及时提供帮助,做到以心交心。

（四）家校共育的引领者

教育孩子不是单向的行为，而需要家庭和学校的共同维系。家校共育是当代教育的共识，同时也面临着越来越多的挑战。马卡连柯说："学校应当领导家庭。"班主任进行家校沟通的途径有很多种，包括打电话、家访、发微信等。比如，可以在班级家长群中围绕家风、家教、亲子阅读、父母角色等，开展一些具有针对性的家庭教育指导。同时，不断创新指导方式，如讲座、沙龙、在线培训、故事分享会等形式。

（五）终身学习的榜样

终身学习是做一名好教师的基本要求之一。古人云：独学而无友，则孤陋而寡闻。一个人只有在集体中不断学习，才能有所长进，才能具有无限的动力。因此，教师在教育教学中要拥有丰富的指导经验和高超的理论水平。时代在发展，教育对象和要求也在不断发生变化。只有不断学习，终身学习，才能保持良好的工作状态和心态，并在工作中创造奇迹，正所谓学无止境。

四、新时代班主任的育人特点

（一）科学的教育理念

现代教育强调的是实施以人为本的教育。教师要为学生成长成才服务，始终站在学生的视角考虑问题，以学生利益最大化为教育的出发点和最终归宿。在当下提倡立德树人的思想指引下，班主任工作任重而道远。因此，要注重培养德智体美劳全面发展的社会人才，体现"五育"并举、"五育"融合。

（二）丰富的角色功能

1. 学生成长的引路人

在教育教学中，班主任要具备敏锐的观察力，及时了解每个学生的心理需求与发展中的困惑，从内心关爱、影响他们，从而生成有效的教育。要时时处处为学生着想，做他们的心灵伙伴，接纳他们对不同事物的看法，从成长的角度来看待和处理学生的问题。

2. 班级文化的营造者

班主任在建班育人理念的指引下，要根据班级实际、学生特点、教育热点等进行深入思考。同时，创建符合学生发展的班级特色文化，带领全班学生共同进步，形成良好的班风、学风。班主任要以鲜明正确的导向引导、鼓舞学生,以内在的力量凝聚、激励学生,以独特的氛围影响、规范学生。

3. 主题活动的组织者

丰富多样的班级活动能促使学生自主、快乐地学习。在班主任的组织带领下,学生成为活动的主人,既充分锻炼了自我,又丰富了班级生活。班主任则将班级活动从"管理"还原为"教育",使学生在活动中发现自我并不断成长,成就缤纷的班级生态。

(三) 专业的教育能力

班主任工作是一项专业性、实践性、艺术性很强的工作,工作情境非常复杂,管理对象是一个个活生生的个体。在教育管理过程中,班主任不仅需要具备超凡的人格魅力,以心育心,以德育德,还需要具有丰富的实践智慧和专业的教育指导能力。

同时,班主任要学会了解、研究学生。比如,多渠道、多方式地从教育学、心理学角度进行分析,发现问题并及时总结反思。班主任还要具备协调教师和学生以及联系家长和社会的能力。有些学生会经常出现各种意想不到的状况,因此班主任的协调能力尤其重要。由于班级管理是一项艰巨、复杂、专业性强的工作,班主任作为班级的组织者与管理者,必须具有较强的组织管理能力,要善于调动学生主动参与班级活动的积极性,让他们真正成为活动的主人。在班级管理中,还会经常遇到突发事件,因此班主任要具有应变能力,便于及时做出准确判断,并予以解决。

(四) 创新的教育思维

班主任要想形成自己的教育特色,就必须创新思维方式。比如,主题教育可以从课内走向课外,在家校共育中做到校内与校外的有序衔接,线下与线上主题活动的交融,在学科教学中渗透德育,注重特色班级文化创建⋯⋯这一系列工作都需要班主任不断深入思考、研究,开展"五育"融合下的班主任工作。

(五) 立体的育人途径

为给学生营造良好健康的成长环境,要建立家庭、学校、社区相结合的"三位一体"的育人途径。作为班主任,要充分利用家长、社区资源,重塑班级文化,在整体发展过程中汇聚多方力量,凸显融合育人的实效性。

班主任工作也应与时俱进,但育人的"魂"应不变。习近平总书记指出:"一个人遇到好老师是人生的幸运,一个学校拥有好老师是学校的光荣,一个民族源源不断涌现出一批又一批好老师则是民族的希望。"期待更多的好老师做班主任,期待学生在更多爱严相济、有人格魅力的好班主任的引领下健康成长。

小贴士:
- 把握好多重角色的定位。
- 体现为人师表,关爱学生。
- 勤思、善学,有创意。

 思考题

在班主任角色体验中,你认为教育的共性在哪里?请结合教育实际,说说自己的体会。

(上海市金山区松隐小学　丁向阳)

话题02 班主任如何树立威信

 问题导引

班主任威信表现在哪些方面？

在班级管理过程中,班主任威信是班级发展中不可或缺的重要因素。俗话说:打铁还需自身硬。班主任威信来自高超的教学能力、教学水平或者较高的教育理论水平。班主任要学会融入学生,全面了解学生的兴趣与身心特征,建立良好的师生关系。

在实际工作中,受个人威信的影响,不同的班主任面对相同层次的班级,其教育的结果却不一样。那么,什么是威信? 威信,即声誉和名望,就是班主任的品格、学识、能力、管理艺术、教学艺术等诸多因素在学生心理上唤起的信服和尊崇效应,具有很强的感召力。苏联教育家赞科夫说:"如果没有威信,那就是说,师生之间没有正确的相互关系,就缺少了有成效地进行教育和教学工作的必要条件。"因此,初任班主任应学会为人师表,用合理合法的方式树立自己的威信。只有在学生中树立自己的威信,才能得到学生的支持和拥护,才能顺利地开展班级活动,才能在教育教学工作中如鱼得水,达到既定目标。

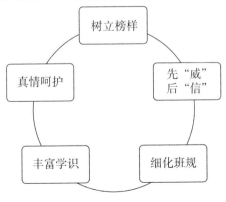

图 1-3 五步树立班主任威信

一、树立榜样

　　"学高为师，身正为范"是陶行知先生的一句名言。正如古代教育家孔子所说："其身正，不令而行；其身不正，虽令不从。"这就是说，正人先正身。教育区别于其他劳动的一个特征就是它的示范性。教师在教育过程中应以高度负责的态度来对待自己的言行，做到以身立教，言传身教，成为学生的榜样。要想树立威信，首先要做一名合格的教师。因此，不仅要有扎实的专业知识和较高的文化水平，还要有良好的道德素质。

　　由于平时的一言一行能直接展现一个人的道德修养，而班主任的言行举止能对学生起到一种潜移默化的教育效果，因此，班主任应不断加强自身的道德修养，注重良好的仪表风度，提升自身的人格魅力。同时，更要做到言行一致，言出必行，行出必果。比如，每次对学生提出的要求，自己首先要能做到，并及时对学生做好检查督促工作。

二、先"威"后"信"

　　教育教学的对象是学生，一切工作成果都要靠学生来体现。在教育教学中，要注意建立和谐的师生关系。毋庸置疑，班主任的第一身份应是学生的老师、班级的管理者，因此，要和学生保持一定的距离，若即若离，而不能过分亲密。但同时，班主任也要亲近学生、了解学生、深入学生，关键是要把握好"度"，应建立信任、尊敬的关系，而不是过分亲昵、随便的关系。尤其是初任班主任，如果关系把握不好，就很有可能会失去学生的敬畏和尊重。

　　如新班级建立初期，若一开始就放下班主任威严，过于表现出想与学生亲近的意愿，希望与学生做朋友，有些学生就会觉得"班主任脾气好，我调皮一点也不怕"，就会做出一些违反纪律的事情，来试探班主任的底线。这样的班级容易出现更多"挑战纪律"的行为，而此时班主任要想纠正过来，就要花更大的力气。班主任不仅要与学生保持适度距离，还要与班级管理中的具体工作保持适度距离。

　　除此之外，班主任还要坚守不谋利原则，即不谋取学生的经济利益和感情利益。不要妄想自己会成为学生生命中最重要的人，成为学生心目中最好的老师。其实，可以心态平和地把自己当成学生人生中的一把梯子、一座桥，只是他们某一时间段里最重要的工具和助手而已。

三、细化班规

(一) 民主管理

班主任要树立威信,就要学会民主管理,尊重每个学生的意见,通过民主决策来制定班规,做到人人有事做,事事有人管。学生感觉自己受到了班主任的重视,能被班集体和班主任肯定,就会对班主任产生敬重。其实,班主任的成长就是学习、模仿、实践、创新这样一个循环的过程。

(二) 严格执行

明确班规内容和应有的奖惩,并认真严格执行,让学生重视班主任的话语,重视规则。如此,威严就建立起来了。如果每次处理事情都用"唐僧念经"法,或为了避免麻烦,处理学生问题时避重就轻,不触及问题根本等,这样只会使学生越来越没有规则观念,不利于他们养成良好的习惯。

新班级成立时,学生和班主任都处于一种相互观察期,这时的班级纪律问题不大。但是,很快就会有第一个吃螃蟹的"勇者"出来挑战新班主任的权威或底线,这时一定要严格按规处理。处理好了,对于威信的树立很有帮助;处理不好,学生可能会"群起而攻之",这时新班主任就要疲于应付了。所以,新班主任应该先扮演硬朗、严厉、有原则的角色。

说到严,也不得不提爱。班主任的爱不能是肤浅的喜爱,应是有益于学生成长和长远发展的爱。真正的爱应蕴含在一些细微的动作中、一个赞赏的眼神中、一句亲切的问候中、一次批评教导中……通过细微之处的爱,让学生每一次的转变和进步都凝聚着班主任的叮咛与鼓励。也正是通过这种爱,让学生在潜移默化中接受熏陶,反馈给班主任信任和尊敬,从而树立起班主任的威信。最终,做到严而有理,严而有情,严而有度,严而有恒。

(三) 公平公正

班主任之爱应是博爱,是为了教育事业付出的赤诚之爱,而不是自私的表现。用公平公正赢得人心,才有利于树立班主任威信。平等对待每个学生,具体体现在三方面:智慧地批评优秀生,不对学困生有偏见,处理学生纠纷时要对事不对人。班主任的公正还体现在要与学生共议并建立班规。班主任要先以身作则地执行,才能在学生面前树立威信,学生才能越做越好。

【案例】

班规的权威性

《班规》第44条：每月全班以无记名方式对班主任工作进行一次信任投票，信任票未获半数，罚班主任独自打扫教室一次；连续两次未获半数，由班委向校长写投诉信。我凭借着对工作的特色化管理，赢得了全班同学的信任与尊重。

1987年11月29日，学生为参加学校12·9歌咏比赛而在礼堂排练。当时，大家正兴致勃勃地排练着，可担任领唱的晓萌同学不知何故不愿领唱了。我先是反复耐心地给她做思想工作，同学们也帮着劝说，可她仍然不愿领唱。这可把我急死了，想到离比赛只有几天了，现在换人肯定来不及。最后，我实在控制不住自己了，突然猛拍钢琴，呵斥道："你不唱就给我滚出去！"话一出口，我就意识到自己过分了：万一晓萌真的"滚出去"了，这歌还怎么练？

还好，我这一吼还真管用：晓萌虽然满脸不高兴，但总算唱了起来……

排练结束后，我把晓萌留下来谈心。她说，她刚才不想唱是因为排练前与一位同学闹别扭，情绪不好。我教育她要以集体利益为重，同时，又真诚地向她道歉："刚才我实在是太急了，冲着你发了那么大的火。真对不起，请原谅李老师！"她也真诚地说："不，还是怪我当时使性子……"

我想，这件事就算解决了。当我第二天早自习走进教室时，见黑板上有一行大字：李老师昨日发火了，罚扫教室一天！我心里一惊：这些学生还真够认真也真够大胆！转而又是一喜：学生们勇于向老师挑战的精神难能可贵，实在不应挫伤。《班规》刚刚实施，对班主任从严、从重要求必将提高《班规》的权威性——这实际上也是班主任真正的权威所在！

于是，我做出一副无可奈何的样子，笑着对大家说："好，好！我认罚。看来，面对《班规》，我想赖账也不行！今天放学后，由我打扫教室。我保证教室清洁分数达到10分，否则重扫！"

于是，我强行把班里的学生赶出教室，把门关死，一个人在教室里干得满头大汗。第二天一早，我又早早地走进教室，做早扫除。

当时的情景真是别有趣味：教室里灯火辉煌，学生们书声琅琅，教室外大雾弥漫。我在窗台上一丝不苟地擦拭着玻璃窗。学生们不时抬起头，向我投来敬佩的目光。那天早晨第一节课下课后，学生们纷纷到"学校清洁卫生评比栏"看我班的教室卫生评分，结果当天的分数是满分10分！

有了集体权威后,我似乎放弃了班主任的个人权威。我始终追求一个目标,把教师的个人权威融入学生的集体权威,其意义已不仅仅是体现出教师个人的教育艺术与管理水平,而更重要的是,要使教育真正充满平等意识与民主精神。

(选编自《李镇西和他的学生们》)

老师说到做到,体现公正公平。李镇西老师在他的班主任教育中让学生对老师进行班规考核,做到人人平等。

四、丰富学识

班主任作为班级的教育者,首先应是一名合格的老师,要用广博的知识去征服学生。几乎所有的学生都喜欢和有学识、有能力、有本事的老师在一起学习。

班主任要意识到参加工作并不意味着学习的结束,而是一个新的起点。教师是知识的传播者,这就决定了教师必须以积极的态度对待知识和不断追求新知识,提高自己的修养和教育能力。如果一位班主任知识渊博,授课深入浅出,办事有条不紊,他一定能赢得学生的信赖。因此,班主任要不断提高自学能力,通过各种渠道获取新知识。

林崇德教授在《教育的智慧:写给中小学教师》一书中指出,教师必须具备以下知识:第一,本体性知识,即精通自己所教学科的知识;第二,文化知识;第三,实践性知识,即教学经验的积累;第四,条件性知识,即教育学、心理学知识。

有志于当好班主任的教师都应以积极的态度去提高班级管理能力,调整和完善自己的知识结构。

五、真情呵护

在教育教学中,班主任要用真诚和爱心去打动学生,把对学生的严格要求与尊重人格结合起来。在日常班级管理中,每一位班主任都可能遇到调皮不懂事的学生。当他们一再犯错误时,部分班主任就会认为他们不可救药,于是单方面采取极端的做法,这时教育却起到了反作用。其实,每个学生身上都有一种潜在的积极意识,只有当他的人格受到尊重与信任时,他的主动性和积极性才能得到充分发挥。

尊重学生的人格,首先是出于教师对学生的关心与热爱。作为班主任,要先学会爱学生。对于全班学生,无论他们出生于什么家庭,是品学兼优的好学生或是令人头疼的后进生,均应一视同仁。其次,当他们违反纪律时,也要动之以情,晓之以理,要让他们体会到关切和信赖,要让他们明白:老师是关心你、爱护你的,是为你着想才如此严格要求的。正是教师的爱,才使得"良药"不苦口、"忠言"不逆耳。

古人云:"有威则可畏,有信则乐从,凡欲服从者,必兼备威信。"对于有威信的班主任,学生会心悦诚服地接受他的教育和劝导,做工作也会事半功倍。班主任有了威信,就能形成一种凝聚力、号召力,能将全班学生团结在一起,从而使各项要求、方法和措施为全体学生所认可与接受,也才能调动学生的积极性,并转化为他们的自觉行动。

总之,班主任威信是学生接受教育的保证。威信不是一朝一夕就能形成的,需要长期的努力和不懈的探索,要在平时的教育实践中多学习、多思考、多体会、多积累、多反思、多总结,把显性的权威转化为隐性的威信,进一步提升对学生的精神感召力,点亮学生的心灯。

小贴士:
- 注重彰显人格魅力,通过品格、学识、情感和能力来获得学生的信服。
- 发扬民主,关注每个学生的健康成长。

 思考题

在班级管理过程中,班主任要如何体现人格魅力,如何让每个学生对自己信服?

（上海市金山区松隐小学　丁向阳）

话题03　班主任必备的独特素质

 问题导引

在专业成长过程中,班主任应具备哪些品质?

俄国著名教育家乌申斯基有言:在教育中,一切都应以教育者的人格为依据,任何章程和纲领,任何人为的管理机构,无论他们设想得多么精巧,都不能代替人格在教育中的作用。没有教师给学生以个人的直接影响,深入到学生品格中的真正教育是不可能实现的。显而易见,教师的人格对学生的影响是何等重要。作为班主任,在教育教学中注重自身专业品质的培养既是提升专业水平的关键,也是自我不断发展、完善的过程。

一、崇尚师德

百年大计,教育为本;教育大计,教师为本。作为班主任,在三尺讲台上绽放的是不一样的青春。坚持以梦为马,以爱为犁,种桃种梨种春风,不忘教育初心,在与学生共同成长的道路上且思且行。

班主任高尚的师德是班级管理的根本。班主任是与学生距离最近、接触最多的教育者,更具表率作用。凡事要以身作则,发挥榜样引领作用。

习近平总书记说过:教师承载着传播知识、传播思想、传播真理,塑造灵魂、塑造生命、塑造新人的时代重任。坚持立德树人,培养德智体美劳全面发展的社会主义建设者和接班人。为党育人、为国育才,以德施教、立德树人,刻苦钻研、教学相长,尊重宽容、严爱相济,做党和人民满意的"四有"好老师。班主任是学生教育的一面镜子,折射教书育人的示范作用。因此,班主任要在教育过程中坚持立德树人。立德树人是教育的核心任务,也是教师的光荣职责。教会学生学习是重点,教会学生做人是关键,教会学生如何成为社会需要的人才是核心。班主任的世界观、人生观、价值观、教学观、学生观、课堂观等,会通过一言一行传达给学生,

会对学生产生影响。

有人说,教育的本质是一棵树摇动另一棵树,一片云推动另一片云,一个灵魂唤醒另一个灵魂。班主任要在教育教学中始终倡导以生为本的理念,尊重每个学生,因材施教。每个学生都是一本书,一本充满个性、色彩斑斓的书。教师只有用心去读懂他们,用宽容的姿态去对待他们,用欣赏的目光去关注他们,用愉悦的心情去欣赏他们,才能赢得他们的心,获得教育的主动权。

二、内化品质

(一)专业的学习力

这些年来,班主任专业发展已成为共识。要做好班主任工作,不能只有热情和勤奋,还需要科学的知识、高超的技能、坚定的追求和不断的学习。首先,班主任应该是一名"学生",也就是一名学习者。学习知识是个人在社会中生存下去的重要基础之一,班主任是传授文明和知识的工作者,更应掌握现代科学知识和技能,拓宽知识视野。班主任的学习应该是有责任感的,因为年龄越小的学生对教师的期望值越高,如果不掌握足够多的知识,就会让学生失望,就没有尽到教师的责任。班主任的学习要打好专业基础,只有具备出色的专业知识,才能更好地了解学生,才能实现理想和抱负。其次,班主任应该做"百科全书"式的教师,仅局限在一个领域或自己的专业,是当不好教师的。有了广博的知识储备,才能在日常的班级管理中形成督导学生求知明理的强大的知识场。

学习也不应局限于书本,身边优秀的教师也会告诉我们什么是严谨教学,什么是爱生如子,什么是真正的优秀。同时,班主任可以通过各种渠道来了解同行,通过同伴互助和专家引领来提升专业能力。

(二)突破问题的研究力

苏霍姆林斯基曾说过,如果你想让教师的劳动能够给教师带来一些乐趣,使天天上课不至于变成一种单调乏味的义务,那你就应当引导每一位教师走上从事研究的这条幸福之路上来。这句话阐述了教师发展的成功之道,也是班主任发展的必由之路。

在教育教学中,班主任要不断观察学生的生活与学习情境,及时捕捉来自学生心灵场域的表象,做一名教育的"研究者"。研究一般分为个体研究和团队研究。个体研究通过阅读学习、撰写笔记等形式来提升自我认知力。团队学习更能促进班主任在专业领域突破自我,比如,骨干班主任在市、区级班主任工作室学习,拥有更好的发展平台。团队的智慧分享有助于他们提高认识,有助于思考与实践。

(三) 教育资源的统整力

一位优秀的班主任不仅能轻松驾驭课堂,培养和谐班集体,还能锻炼学生的主动管理能力,形成强大的班级凝聚力。同时,班主任要不断深入了解学生实际情况,真正做到把成长的空间还给学生,提高家庭教育指导能力,整合学校教育资源,实现全方位融合育人;要协调好学校任课教师之间的教育资源,使其服务于班级发展;要善于创新,挖掘社会资源,拓展学生的学习与生活空间,真正把一切可行资源运用于教育中。

(四) 专业成长的执行力

每位班主任在成长过程中必然经历三个阶段:规范化阶段、个性化阶段、核心化阶段。要想走向卓越,走向专业,就应及时调整自己的步伐。初任班主任在逐渐成为合格班主任的同时,还要能胜任班级的各项管理工作,建立良好的师生关系,制定明确的班级发展目标。

图 1 - 4　班主任成长的三阶段

教育不是把篮子装满,而是要把心点亮;教育不是工业而是农业,学生不是瓶子而是种子;教育不是把人工具化,而是要让人更好地成为人……其间,既离不开爱的培育,也离不开严格的要求。

班主任是学校发展的基石。任何一个班级的稳定发展都离不开班主任的智慧引领,这样的班级才能呈现蒸蒸日上的景象。班主任是学生心中的一盏明灯,指导迷途的学生走向光明。教育就是播撒种子,班主任要在学生心灵成长过程中不断呵护着这些幼苗的健康成长,用心、用情。一位优秀、卓越的班主任能给学生的未来带来一片光明,也是学生生存方式的塑造者。

小贴士:

- 要在专业成长道路上体现优秀的师德。
- 要具备丰富的专业知识和极强的学习力。
- 要在工作中体现卓越的创新能力。

 思考题

对初任班主任而言,怎么做才能成为深受学生喜爱的老师,并能在工作中不断创新,不断钻研?

（上海市金山区松隐小学　丁向阳）

Part 2

好集体不是自然形成的

话题04　班干部培养小妙招

　问题导引

如何选拔和培养班干部？

　　一个团结和谐、奋发向上的班集体，不仅要有一位称职的班主任，还要有一支素质良好且能独立工作的班干部队伍。然而，班干部的工作能力强弱、工作热情高低、工作方法科学与否、在学生中威信高低等，往往能决定一个班级的精神面貌。因此，班主任如何选拔和培养班干部，如何利用和依靠班干部的模范带头与自主管理作用，确保班级管理良性循环就显得尤为重要。

【案例】

无助的班干部

　　工作第一年，当被告知要承担三年级语文教学和班主任工作时，我还曾暗自窃喜过，因为在我的印象中三年级学生应该不用像一年级学生那样凡事都要手把手地教。

　　开学初，为了有序开展班级工作，我根据上学期的期末检测情况指定了一些班干部和小组长。当我以为一切安排"妥当"，坐等"收获"时，谁也没想到"混乱"从早读便开始了：这边两三个学生在交作业，那边四五个学生在激烈地讨论着什么，还有几个学生拿着作业晃来晃去，不知道交给谁。此时，我任命的小组长和课代表正扯着嗓子喊道："作业交给我！安静！"站在讲台前的领读员更是不知所措。这究竟是怎么回事？

　　　　　　　　　　　　　　　　　　　　　　　　　　　　（张辉霞）

　　你是否有过相似的经历？你觉得小张老师确立班干部的方法有无不妥之处？

　　不难发现，小张老师在选拔班干部方面缺乏民主意识，只是根据上学期的期

末检测情况,以自己的喜好直接任命班干部。这种做法有其表面的合理性,但弊端是,这些直接任命的班干部可能缺乏群众基础,因此在管理班级时得不到同学的配合和支持。另外,小张老师面临的是三年级学生,他们在这一时期开始有自己的想法,但辨别是非的能力极其有限。小张老师选择成绩优异的学生担任班干部,这一做法是在错误地引导学生认为只有成绩优异的学生才能担任班干部。因此,班主任新接手一个班级后,正确地选拔班干部显得尤为重要。

一、选拔班干部要慎而为之

首先,要了解班干部从哪里来。以往,大多数班主任都会采用直接选举法,但是这种方法也有弊端,因为学生在投票时大多出于个人喜好而非班级工作本身,所以选出的班干部往往同学缘很好,却不能很好地胜任班干部工作。班干部是班主任的"左膀右臂",优秀的班干部队伍能主动高效地开展班级工作,替班主任分担繁重的工作任务,使班级建设向好的方向发展;糟糕的班干部队伍则会适得其反,甚至会使班级日常工作难以正常开展。

因此,在班级建设中,选拔班干部要慎而为之。新生刚入校或者班主任新接手班级时,在对学生不完全了解的情况下,最好不要急着确定班干部。过早确定班干部,特别是班长、中队长这些班级的"领军人物",一旦选错了人,就会进退两难。不换,会影响工作;换掉,会伤害他们的自尊,甚至会连带伤害追随他的"死党",或者成为导火线,引发班级里的拉帮结派。班干部的确立大致需要经历以下几个步骤。

(一)多设岗位,毛遂自荐

学校要检查卫生,任课教师需要有人帮收作业,做操需要整队……一个班级要正常运转,就要有人来做很多事情。在班委会成立之前,选择一些学生来临时代理班干部不失为一种妥当做法。但是,这些代理班干部最好也不要由班主任指定。有一位初中老师是这样做的,实行"自我推荐,临时组阁"制。她认为,班干部为班级服务是自愿的,所以不应该由班主任指定或分配,应该让学生先自我推荐,自愿承担班级工作,接着在工作中展示能力和品质。到期中检测之后,再正式推举班委会。她根据班级情况在开学初设置了很多岗位,然后在黑板上把所有的岗位一一列出,比如,从各科课代表到小组长,从节能小卫士到护花使者,谁喜欢做什么就把自己的名字写在后面。这位教师的做法值得借鉴,因为每个学生的内心都是向上向善的,他们都渴望被肯定。设置各种岗位,让学生自由选择和自我推荐,这不仅能增强学生的责任心,树立主人翁意识,还能使一些成绩不太好、实力较弱的学生有机会为班级服务。

(二)暗自观察,适当考验

无论是毛遂自荐,还是临时被任命,如果一开始靠的是热情和冲动,接下来的日子,班主任就要用一双"慧眼"暗自观察,适当考验。首先,可以认真查阅学生的档案或相关资料,对每个学生上一学年的成绩和操行评语等进行详细的综合分析,做到心中有数。其次,深入班级,在与学生的交谈中有针对性地了解学生的具体情况。最后,根据掌握的情况,设置一些任务,考验一下心仪的学生。在观察、考验时,要多听听任课教师的意见。如果任课教师觉得临时课代表的工作情况良好,那就可以扶正了。如果任课教师反映不好,那就赶紧采用轮流制,多考验几个人选。另外,要特别注意的是,低年级学生在看待事物时还存在很强的主观性,考虑问题不周全,在选拔班干部的过程中往往会倾向于选择自己的好朋友或成绩好的同学。因此,班主任在观察考验阶段还要做一些准备,例如,可以多创造一些机会,让他们在同学面前多多表现,提高威信,为之后的竞选做好铺垫。

(三)民主选举,公平竞争

成立班委会是班级发展进程中的一件大事。有经验的班主任各有各的方法,难说优劣。一般班主任会采取民主选拔的方式,形成公平的竞争模式,如采取竞选演讲、不记名投票、学生推荐等多种方式相结合的方法。在具体的选拔过程中,有的班主任会在选举之前打印出选票,在全班进行投票。还有的班主任为了防止学生的投票结果与自己或任课教师认为的差距太大,坚持既民主又有集中的原则,会保留班主任和任课教师的权利。同时,班主任要鼓励学生敢于竞选,然后组织学生进行评选,将教师与学生的评选结果进行综合,最终确定班干部成员。经过竞选,如果重要班干部的职位(如班长)并没有由最合适的人选担当,同时应选者工作又不得力,就可以通过指定班主任助理或副班长,来平衡一下班长的作用。班委会之外的岗位基本可以延续之前的结果。对于特别不称职或者荣升到班委会的成员,可以再做调整。

二、培养班干部是重中之重

班干部确定后,班主任还不能马上退居二线当"甩手掌柜"。管理本身有其复杂性,此时班干部的管理能力较弱,所以班主任应对班干部进行训练、培养。

(一) 正确定位,明确职责

首先,班主任要引导班干部正确定位。班干部不是官,而是公仆,要具有服务意识,以班级同学的需求为重心,主动帮助有需要的同学,主动帮助班主任分担日常管理工作。接着,班主任要尽可能地做到知人善用。在公开竞选后,班主任先要对所有的班委进行职位分配:让有号召力、有组织力、有大局意识的学生做班长,让能歌善舞、表现欲强、富有创造力的学生做文娱委员,让体育好、口号响、有较强组织能力的学生做体育委员,让学习好、认真负责、乐于助人的学生做学习委员,让严于律己、有原则性的学生做纪律委员。同时,还要利用班干部会议,明确每个班委的职责,见表2-1。

表2-1 班委职责

班长	制订班级活动计划;每月至少召开一次班会,布置、总结班级工作,并进行记录;开展班级活动
副班长	协助班长开展工作;负责放学路队;按要求及时上交各类班级活动资料
学习委员	每天管理晨读或早自习;每次检测后向任课教师要评价等第,经过统计和整理后,利用午会时间表扬进步的同学,并和小队长协商如何帮助落后的同学
宣传委员	负责班级宣传栏、黑板报等宣传阵地的内容规划和管理;负责班级报刊订阅工作
组织委员	负责教师不在时的班级纪律,及时表扬和教育;期末上交班级所有资料;检查班级同学的领巾佩戴情况
劳动委员	负责教室打扫和卫生检查工作;组织同学参加各类公益劳动;负责卫生知识的宣传工作
文体委员	负责各类文体活动;保管文体活动用品;组织歌曲小天地活动
小队长	了解小队情况,组织队员完成中队下达的各项任务;开展小队活动

(二) 培养自信,树立威信

能力的形成总有个过程,学生一开始做事情,总会有这样或那样的不足。因此,有时也会影响班级在学校各项评比中的分数。这时,班主任要有一颗平常心,不是所有的比赛都要拿奖,不是所有的活动都要领先。在班干部遇到困难时,要给予鼓励,指导他们有效管理班级,在活动中培养他们管理班级的自信,这样新任的班干部才有可能从不自信到自信,从威信低到威信高。

【案例】

小何成长记

小何是班级的体育委员,主要负责每次外出上课和出操的整队工作。一开始整队时,小何会扯着嗓子喊:"大家过来排队。"但是,有些同学总是慢悠悠地从教室里出来,乱哄哄的。小何向我投来无助的目光,我微笑地看着他,并告诉他做得不错。

放学后,我与小何谈心。

我问他:"担任体育委员有什么感受?"

小何说:"感觉同学们都不听我的。"

我问道:"为什么同学们会对你的话无动于衷?你可以先观察一下其他老师是怎么做的。"

第二天放学后,我再次与小何交流。

我问他:"今天观察了一天,有什么感受吗?"

小何说:"我发现其他老师都不需要很大声地叫同学们,大家都很自觉地出来排队,而且速度很快。"

我接着问他:"还有吗?"

小何说:"老师会表扬表现好的同学。"

接下来的日子里,我经常能看到小何整队时穿梭在队伍里,表扬站得挺拔的同学。其他同学也会受到鼓舞,在整队时做到静、齐、快。这时,我会及时地在全班学生面前表扬小何。

(张 媛)

班干部在管理初期由于缺乏方法和经验,往往会出现想管但管不好的心态。因此,班主任要主动与班干部进行沟通,并给予适当引导,帮助他们消除大的障碍,使他们树立管理班级的自信心。比如,案例中的小何,当他因管不好路队而向班主任投来求助的目光时,班主任给予微笑鼓励并告诉他做得不错。受到班主任的鼓励后,小何就多了一份自信。因为张老师明白只有帮助小何建立自信,让他在工作中获得愉悦感,他才能更有信心地去管理班级。事后,张老师又引导小何去观察其他老师平时整队时的做法。聪明的小何经过张老师的指点后,悉心观察其他老师的行为。他发现其他老师并没有扯着嗓子喊大家快一点,原因是动作又快又好的同学能获得老师的表扬,这就是动力。小何敏锐地抓住了这一点,并在自己的工作中进行实践。他发现这个方法非常适用,当他发出整队口令后,大部分同学都能又快又好地回到队伍中。这次成功让小何自信满满,而班主任的及时表扬和肯定让小何在同学们中的威信慢慢建立起来了。

(三) 放手历练,不断成长

对学生来说,能力不是天生的。特别是班干部的能力,是在一次次的失败、碰壁中历练出来的。

【案例】
让班干部得到历练

小莹是班级的劳动委员,主要负责每天中午和放学前检查班级的卫生。可是,每次卫生老师来检查时,我们班的卫生总要被扣分。为此,小莹也很沮丧。

当我找到小莹与她沟通这些事情时,她委屈地表示,自己每天都检查,但有时会漏查一些地方。于是,我把自己每天记录学生背诵情况的花名册借给她作为参考,让她和其他班干部一起商量如何解决卫生扣分的问题。

第二天,小莹兴奋地把自己制作的检查表给我看(见表2-2)。她告诉我,把所有岗位与人员罗列在一张表格上,每天按照表格检查,打扫通过的同学就在他的名字旁边打勾。一旦发现这个小岗位没有打扫干净,就请这位同学返工。我看了小莹的检查表后,觉得不错。正当我想要实行时,小莹却表示有些地方可以再修改一下。原来,她也将这份检查表给班干部们看了看。他们还特意组织了一次班委会议,大家都觉得可以在打扫得很干净的同学旁边画上一个五角星,并结合班级七彩星少年的奖励机制给予奖励。有了奖励机制,同学们的打扫热情就更高了。

表2-2 小莹的"值日生加星表"

小岗位	扫地1组	扫地2组	扫地3组	扫地4组	拖地1组	拖地2组	擦窗台	擦黑板	倒垃圾	擦门把手	整理工具	关窗户
值日生加星表 第_____周												
周一	小淳☆	小沁☆	小辰☆	小菡☆	小伟☆	小莫☆	小远☆	小奕☆	小江☆	小然☆	小芸☆	小欣☆
周二												

(张 媛)

很多在成年人眼里是举手之劳的事情,在学生眼里可能就是大事,要鼓足勇气去做,要绞尽脑汁去完成。班主任要把这个过程交给学生去历练、去成长。比如,案例中的小莹作为劳动委员,虽然勤勤恳恳,但因为没有用科学的方法管理值日工作,导致每次卫生老师检查时班级都要被扣分。在她沮丧之时,班主任没有马上给她出谋划策,而是把自己背诵检查的花名册借给她,让她自己去找解决方法。小莹获得灵感之后,又借助其他班委的力量一起探讨解决方法,最终制定了一份"值日生加星表"。从一开始的沮丧到后来拿着"值日生加星表"自信满满地找到班主任,这个过程对小莹来说就是一次最好的成长。

对于班级中的一些琐事,班主任要学着大胆放手,不能把事情都包揽在自己身上。即使是低年级的班干部,依然可以由班主任提出指导意见,班干部们分步落实。对于不当之处,班主任可以适时进行方法指导。

三、评价班干部是关键一环

班干部的评价是班干部成长中的关键一环。它是对班干部学习、工作、思想品德等方面的检查、督查和鼓励;它为班干部工作提出标准,发挥指导作用;它可以诊断工作中出现的问题和失误;它可以不断提高班干部工作的自觉性,激发班干部发挥自己的聪明才智。

【案例】

评选那些事儿

学校要评选各班的"优秀班干部",两位同学私下嘀咕起来……

A 问:"你选谁?"

B 说:"我选小明。他是学习委员,每次成绩都名列前茅。"

A 说:"我才不选他呢！他从不参加班级活动,只知道学习,也不帮助同学。上次我问他问题,他睬都不睬我……"

B 说:"这倒也是,那我们选劳动委员小红吧！她倒是很爱帮助别人,上次我生病还替我值日呢！"

A 说:"你傻呀！她成绩在班委里算差的,老师肯定不会让她当选的。"

B 说:"那还是选纪律委员小冬吧！他和我是哥们,上次我在自习课上和同桌说悄悄话,他都没记我名字。"

（张辉霞）

看了这两位同学的对话,你认为该班级的班主任在班干部评价方面有哪些工作没有做好?

从案例中可知,学生在推选班干部时没有一个明确的导向。因此,他们在选择"优秀班干部"时常以分数论英雄或者根据自己的喜好和交情来主观地进行评价。这样的评价根本无法起到鼓励和激励班干部的作用。因此,班主任必须转变育人观念,改变保守、狭隘地评价班干部的态度,可以利用一些考核表来告诉学生什么样的班干部才是优秀的,引导学生明白班干部不是"做官"而是服务,既要学优又要多元发展,不仅没有特权,还应以身作则。同时,在评价的过程中既要让班干部了解自己、认识自己,从而建立新的自我,也要积极促进班干部增强自信,激发自我发展的内驱力,真正成为班集体有力的核心支柱。

（一）评价的意义

班干部的考核评价对于班干部和其他学生都有非常大的教育意义。首先,考核评价的过程是全体学生参与班级公共生活的一种方式,也是他们的权利。作为班主任,既要重视这样的评价,更要积极创设各种公共生活,让学生在公共生活中学会享受权利和承担义务,培养学生的公民意识和民主意识。其次,班干部是班级的先锋,是志愿者,他们和其他同学一样,既是班级的管理者,又是被管理者。他们承担着班级的管理工作,但同时也要受到全班同学的监督和管理。最后,公平、公正、庄严地对班干部进行评价,其实也是在帮助班干部找到管理中的问题。班主任可以趁机引导他们进一步提高自己,这是一种使他们增强荣誉感、责任感、使命感并享受班级志愿者工作的好方式之一。

(二) 评价的内容

在对班干部能力进行评价时,评价的内容要基于班干部培养的目标,是班主任和学生一起根据班级管理现状以及《小学生日常行为规范》《中学生日常行为规范》《中国学生发展核心素养》讨论制定的。《小学生日常行为规范》和《中学生日常行为规范》是每一个学生都要做到的,班干部更应该以身作则。《中国学生发展核心素养》中的"社会参与"维度提到了"责任担当"和"实践创新",都与班级管理有密不可分的关系。班主任和学生一起讨论、补充制定出来的班干部评价内容更具有科学性,根据评价内容形成的评价表更具有可操作性。

表 2 - 3　班干部评价表

评价内容	评价标准	等第
责任心	按时、主动完成作业,任劳任怨,工作细致并有耐心等	
组织策划能力	能积极参与组织活动,活动安排合理、分工合理	
交往能力	互相合作、互相协作、互相帮助,有困难时会寻求帮助,能及时和他人沟通	
创新能力	能设计新颖的活动方案,遇到问题时能动脑筋、想办法	
群体意识	能从群体角度思考问题,用主人翁意识来解决问题,善于了解大家的想法	
改进问题能力	对待自己的问题有正确的态度,能及时改进	
评价能力	能对自我进行合理评价,也能对其他班干部的工作进行合理评价	

(注:做得很好为 A,做得比较好为 B,做得一般为 C,做得比较不好为 D,做得不好为 E)

班主任要根据评价内容设置评价标准,这样就可以让学生明确知道如何科学、客观、全面地做出评价。结合等第制评价来进行自我评价和互相评价,可以淡化分数的影响,激励班干部做得更好。不仅如此,评价表的内容和标准都是对班干部的导向,是班干部努力的目标。

（三）评价的方式

班级生活多姿多彩,班干部的评价方式也应该丰富多彩。一些学校的成功实践证明,采取自我评价、生生评价和教师评价相结合的方法是行之有效的。比如,班干部可以通过岗位总结或工作反思,对自己的工作进行评析。班干部之间可以根据日常工作情况互相打分。除此之外,也可以定期召开座谈会,翻看班委会议记录本、班干部日志、活动登记表等,了解班干部的工作实绩,对班干部的工作情况进行深入了解。采取多种评价方式有利于促使班干部进行自我调整,增强自我教育能力。

评价时,要关注评价时间的阶段性。既要有日常性评价,又要有阶段性评价和期末总评。

图 2-1　评价方式

日常性评价要做到及时评。利用每周中队长的例会、午会课、班级红领巾广播,及时对班干部的日常工作进行评价。戒空话套话,重评价内容,这样及时的点评也是提升班干部能力的重要环节。比如,在与一年级小朋友手拉手活动中,班干部带领同学来到一年级,手把手地教他们打扫教室、出黑板报,在班会课上宣传少先队知识。班主任将他们的工作进行整理,并在午会课中进行展示,表彰班干部的积极性,激励他们引领更多同学共同进步。

阶段性评价要做好专题评价。一般学校、班级的各种评奖、颁奖都集中在重大节日和寒暑假前,时效性差,难以发挥持续的激励作用。因此,可以对班干部进行阶段性评价,也可以在班干部完成某一项任务时评价或任职期满后评价等。比如,班干部在学校运动会中根据前期制定的方案、分工,配合体育老师挑选运动员,课余时间带领运动员进行训练,并在结束后对运动会当天全班同学的工作分配等进行述职,如在这次活动中我做了哪些事情,有哪些成功的地方和需要改进的地方。最后,教师、队员给予评价。

期末总评要巧花心思。期末评选"优秀队长"是很多学校的惯例,但名额有限。为了表彰班干部在一学期里为班级所作出的贡献,为了调动班干部工作的积极性,班主任可以根据岗位的特点来量身定制一些岗位奖。例如:最佳人气奖——能号召同学积极参与每项活动;最佳合作奖——能携手其他班委共同完成任务;最佳智慧奖——遇到问题时能积极主动地想办法,且方法有新意;最佳服务奖——能设身处地为同学着想,主动帮助同学解决困难;最佳贡献奖——能带领同学一起努力取得区级以上荣誉。

富有创意的评价不仅能全方位地发掘班干部的闪光点并给予强化,充分激发人的正能量,还能让班级管理充满人情和活力。

小贴士:

- 多设岗位,适当考验,公平竞争。
- 要让班干部明确职责,放手锻炼,采取多元的评价方式实施动态管理。

 思考题

你认为班干部选拔、培养和评价中的哪些方面最容易被忽略? 如果让你在期末给班干部写一份富有创意的颁奖词,你会怎么写?

(上海市金山区朱泾第二小学　顾　艳)

话题 05　班级计划要巧用

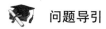 问题导引

制订班级计划的要求和内容有哪些?

班级计划是指班主任在开展教育活动之前预先拟定的教育活动的具体内容和实施步骤。班级计划具有规划、导向和激励作用,是班主任开展工作的指南。班级是班主任工作的基本单元,是学校管理工作的基础。一个班级要想科学发展,就要在每学期确定奋斗目标。一个班级如果想走得更远,没有班级计划的引领就会没有明确的发展方向。班级计划的有效制定和实施,离不开班主任的精心思考与整体架构。

一、制订班级计划的目标

兵马未动,粮草先行,这是计划;思考在前,行动在后,这是计划;学会轻重缓急地安排事情,这是计划。班主任工作涉及学校管理的各方面,是一个复杂的系统工作。班主任如果没有依托班级计划进行管理,就是比较混乱的管理。只有按班级计划行事,才能使班级工作有条不紊地开展。

（一）班级计划是班主任工作中的一份指南

班级计划明确了总的发展思路、工作目标和岗位分工等,也对每个月的工作进行了翔实的部署,使教师和学生在工作中有章可循。怀着责任感和使命感制订计划,就会未雨绸缪,甚至有运筹帷幄之中、决胜千里之外的豪迈感。事实上,有责任感和使命感的教师会在开工之前就做好各种计划,哪怕是一些细节,也会被安排得井井有条。

（二）班级计划是学校教育工作的一张名片

只有制订好周密的班级计划,才能按部就班地把学校的教育计划落实到班级中,使得学校的培养目标更加具体化,并能促进学生健康成长。同时,制订班级计

划不仅有利于对班主任工作进行全面检查和督促,还有利于提高班主任工作质量。

制订科学、切实可行的班级计划是班主任工作的重要内容。同时,要做到心中有份指南,明确学生的发展目标。班主任在班级管理过程中制订班级计划,既对自身的成长有积极的作用,也从另一个角度强化了自身的专业引领,提高了工作效率。

二、明确班级计划的类型

班级计划一般有三种类型:一是学期计划,二是月(周)工作计划,三是具体活动执行方案。学期计划是学期开始时制订的计划,是班主任一学期工作的统领。

(一) 分析班级的基本情况

班级的基本情况包括自然状况、现实状况和历史状况等。班级的自然状况包括总人数、男女生人数、年龄、队员、班干部、三好学生和差生的比例等。班级的现实状况包括班级学生的思想品德状况和学习现状、学困生的特点、班干部的能力素质、班级学生的人际关系等。班级的历史状况包括班风传统、形成班风的原因、班级的优缺点等。对班级基本情况的分析是确定教育任务的基本依据。

(二) 确定教育任务

在对班级基本情况进行分析的基础上,根据教育目的,确定教育任务的要求,明确规定本学期应达到的教育目标。确定教育任务不仅要抓住重点,突出中心任务,还要有针对性,不要过于笼统。

(三) 安排具体工作

安排具体工作的常见方式有两种:一种以时间顺序为主线,纵向安排各种具体活动的内容、时间、地点等;另一种从德、智、体、美、劳的角度横向安排各方面工作。无论采用哪种方式安排工作,都应考虑计划的可操作性。

【案例】

如何制订新班级计划

A老师作为四年级(1)班的新班主任,开学初她就急着要制订班级计划,但是她对班级学生的情况还不是特别了解,包括班干部的能力素养、师生情感、班风、学风等。如果只从自身角度制订班级计划,势必会产生许多问题,于是她决定请教经验丰富的 B 老师。

A 老师问:"B 老师,我想制订班级计划,但又不知如何下手。您能教教我吗?"

B 老师说:"在制订新班级计划前,你要先了解班级学生的实际情况,站在学生的视角,激发学生的学习积极性。同时,要树立班级主人翁意识,创设一个温馨和谐的班集体。"

A 老师说:"那我在写的时候分四步走,从班级基本情况入手,制定班级目标,并落实具体措施,然后把自己的工作思路整理出来。"

B 老师说:"这样的话,班级计划就会比较具体了。"

（陆　妍）

【案例】

A 老师的班级工作计划

一、具体工作

1. 充分利用晨间谈话、班会等,对学生进行思想教育。带领学生了解《小学生日常行为规范》,并要求学生遵守其中的规章制度,对学生进行行为习惯教育。让学生之间友好相处,不吵架,不打架,增强班级凝聚力。

2. 发挥班干部的作用,师生共同做好班级管理工作。因为班干部的年龄较小,所以班主任要告诉他们需要做哪些事情,既要每天了解他们的工作情况,并在他们管理出现问题时及时给予帮助,又要指导他们树立威信,以便他们更好地帮助班主任管理班级纪律。

3. 尽可能培养学生的班级主人翁意识,让每个学生知道班级就是自己的家,让每个学生可以自觉遵守班级纪律。尽量让每个学生都有可能管理班级,成为一个小老师,让每个学生都能在班集体里找到自己的角色,对班集体有强烈的责任感和归属感。

4. 布置教室环境,营造浓厚的学习气氛。

5. 更好地开展"小红旗"竞赛活动,提高学生行为品质,增强学生竞争意识。每周评出"小红旗"优胜学生,提高优胜学生在班级里的地位,让每个学生都想得到"小红旗"。

6. 在班级里评选优秀学生,给全班学生树立榜样,号召大家向榜样学习,形成优良的班风。

二、工作思路

1. 以人为本,教育学生成为正直、善良、智慧、健康的人。

2. 营造温馨、和谐的学习环境,让学生到了班级就像回到了家里一样。

3. 教会学生学会生活,学会合作,学会尊重他人。

4. 利用各种活动增强班级凝聚力,让每个学生都为班级而自豪。

5. 关爱学生,走进学生的内心,成为学生真正意义上的朋友,为学生排忧解难,帮助学生树立信心。

（沈嘉琳）

A 老师能结合班级的实际情况,从学生的视角出发,制订适合学生成长的班级工作计划。在目标的制定上,A 老师要求学生明确学习目的,提高学习兴趣和能力。同时,把加强班风学风建设放在首要位置,并提出要构建和谐班集体,促进学生健康成长。班主任工作思路明确,方法到位,才能在工作中有章可循。对初任班主任来说,制订清晰的班级工作计划是非常必要的。这也体现了班主任的成长是通过班级和学生的成长间接反映出来的。

班主任也会在实践过程中发现问题,因此,还要学会及时地调整计划,这是班主任在工作中要时刻考虑和体现的。

三、落实班级计划的要求

(一) 目标明确

美国管理学大师德鲁克说:"并不是有了工作才有目标,而是相反,有了目标才能确定每个人的工作。"制订计划要优先把目标放在重要位置,围绕目标制订实施计划。只有目标明确,才能更加完美地制订符合自己班级实际的计划,为学生和班级的发展不断前行。

(二) 分步实施

在制订完班级计划之后,要分步实施计划。但是,有些工作必须在计划之前完成,如班级环境的布置、班级岗位的安排等,这些涉及班级组织建设的内容要提前落实。周计划或月计划要呈现阶段性目标,可以根据学校教导处的相关要求,制定相关的活动方案。在班级建设过程中也会遇到不可抗力因素,因此要及时调整和修改计划,一切都是为了班级更好地发展,为了更好地服务于每个学生。

（三）针对实际

制订班级计划时要有的放矢,体现班级特色,能从班级的实际出发,体现针对性,这样也更能体现目标的明确性。

（四）阶段评估

班主任要根据自己的目标,对计划的实施效果进行评价。在每一个阶段都设定相应的标准,不断地总结和反省,并在计划中体现出来。这样的计划才是真正有效的计划。

四、实施班级计划的内容

（一）分析班级情况

制订班级计划时,要考虑班级的实际情况,包括学生的人员构成、学习情况、思想状况、体质状况、班级特点等。了解班级的实际情况是工作计划的基础,只有从班级的实际情况出发,才能使班级计划具有科学性、切实性。

每带一个新班级或每一个学期都要有完整的发展思路,只有拥有了目标,才能更好地向着目标迈进。同时,要根据班级学生的学习情况来制订班级计划。比如,采取"一帮一"的方式,实施帮困计划。通过每月的评比与反馈,修正计划的内容,并鼓励所有学生积极进取,在树立学习信心的同时,以积极的态度投身班级活动。除此之外,在分析班级情况的过程中还要注重学生品德情况的分析。学生良好的品德与习惯是有助于班级整体发展的前提条件,因此要根据学生的实际情况,开展习惯养成教育和班级主题活动。在制订班级计划的过程中还应考虑学生的身体素质,可以设计并开展一些形式多样的健身活动,既有益身心,又能建立良好的人际关系。作为班主任,要根据学生的需求和实际情况制订计划,这样才能真正为特色班级创建作铺垫。

（二）构建目标体系

班主任和学生共同确定班级总体目标,然后将总体目标转换成个人目标与小组目标,再使它们与总体目标融为一体,形成目标体系。班级计划的制订与落实要结合学生的学习目标,同时联系德育目标,进一步完善学期计划。

（三）明确班级管理方式

一个优秀的班集体应该是勤奋的、团结的、向上的。唯有如此，这个班级才会具有蓬勃向上的生机与活力。

1. 树立自信，找寻优点

"生活中不是缺少美，而是缺少发现美的眼睛。"要想让全班学生都有大的进步，首先要帮助学生树立信心，让每个学生都能积极地朝着正确的方向前进。让每个学生找寻自己身上的优点，对自我重新形成一种认识。这里的优点不仅指学习优秀、文明守纪等，还包括许多班级发展中的小事，比如，主动向教师问好，热爱劳动，做好小岗位上的工作，同学之间真诚相待……在班级内形成良性竞争氛围，学生的自信心也会得到增强。

2. 心有目标，适度竞争

在班级中采用竞争激励方式不仅有利于促进学生的学习，还能激发学生的创新力。魏书生先生就是一个很好的典范：虽然他一年中有四个月要外出学习考察，带两个班级的语文课和班主任工作，但是他所带班级学生的成绩仍旧优异。究其原因，就是采取了竞争激励方式，锻炼了学生的动手动脑能力、组织协调能力、同伴交往能力等。因此，在班级计划设计方面，可以采用竞争激励方式，鼓励学生超越自我。

3. 团队合作，凝心聚力

一个好的团队必然是成员之间相互欣赏、互帮互助、同心同德，并具有奉献精神。一旦班级建立了浓浓的团队氛围，就等于获得了比规章制度更强大的力量，会让班级充满阳光，生机勃勃。所以，班主任一般应在新学期开始就做好团队建设，让班级获得可持续发展，为班级提供源源不断的动力来源。

（四）制定班级管理方案

班主任在新学期开始就要注重班级管理与建设，不能仅仅依托生硬的规章制度，还要营造浓厚的文化氛围。因此，在班级管理上要体现特色化的文化内涵，创设舒适温馨的环境，营造丰富的班级文化氛围，使班级管理更加精致化，也为班级形成强大的凝聚力奠定坚实的基础。

因为学生的自控力较弱，所以很容易受外界因素影响而改变自己的目标或方向。因此，班主任要根据学生的实际情况，深入了解学生的学习生活、行为习惯、身心发展特点,然后制定合理的班级管理方案。

众所周知,班级计划不是用来应付检查的,而是用来梳理一个班级整体发展的学期心愿。计划制订好后,再看看别人的,就会发现自己的短板和长处在哪里。让自己有步骤、有节奏地做自己想做的事情,有效地控制自己的情绪和行为,减少不必要的人力、物力、财力,更从容地面对工作,这就是为什么要制订计划的原因。

小贴士:

• 在制订班级计划的同时,还要考虑班级学生的实际情况和整体规划。

• 要营造一个温馨的班集体,鼓励每位学生都积极参与班级建设。

• 要在工作中体现卓越的创新能力。

思考题

对初任班主任来说,制订班级计划时要考虑哪些因素和注意事项,以及如何更高效地实施班级计划?

（上海市金山区松隐小学　丁向阳）

话题06 班级公约有魔力

 问题导引

什么是班级公约？它的依据来自哪里？由谁制定？如何制定？

【案例】

初任班主任的困惑

作为一名新教师，面对一群一年级学生，会是一种怎样混乱的体验？每天，你都会听到各种声音，来自学生的叫喊："老师，他打我。""老师，我的书找不到了。"来自任课教师的抱怨："上课的时候，好几个孩子没有认真听讲。"来自德育领导的提醒："你们班有很多孩子在外面吵吵闹闹，不太安全，你要想想办法。"作为一个班级的"大管家"，如何让班级变得井井有条？

（张辉霞）

相信大多数初任班主任一定遇到过这样的情况吧！确实，班级管理工作事无巨细，班主任都要操心，要关注学生点点滴滴的行为和变化。面对纷繁复杂的班级管理工作，初任班主任要怎样智慧地做好"大管家"而不至于太疲惫？一套行之有效的班级管理细则——班级公约，或许可以帮助"大管家"事半功倍。

一、班级公约那些事儿

（一）什么是班级公约

在制定班级公约之前，首先要了解何为班级公约。一个班集体的成长离不开师生根据班级实际情况共同制定的班本化守则——班级公约。它不仅是班主任管理班级和教育学生的基本依据，还是植根于学生内心的共同的美好愿景。

（二）班级公约的制定依据

班级公约是学校管理制度的延伸，不能违背国家教育法规以及学校管理制度

和管理要求,应以《小学生日常行为规范》和《中学生日常行为规范》为准绳。这些文件虽简洁明了,但针对性不强,加上语言生硬,与学生的学习生活有一定的距离,缺少亲切感。因此,要把日常行为规范细化成更接地气的班级公约,就要告诉学生什么是对的或什么是错的,指导学生如何去改善。

班级公约的制定还要依据班级的实际情况。如果是中途接手的班级,一般不建议马上制定班级公约,因为原来的班级或多或少、或好或坏地形成了一定的班风,至少应该留出一个月的时间来了解班级的整体情况。由于每个班级的纪律、班风、班干部能力、学情等各不相同,制定班级公约的着重点也不同。

(三) 班级公约由谁制定

班级公约既是所有人参与其中所形成的约定,也是全体学生主体地位最好的体现。学生参与是民主制定班级公约的基础。因此,在制定班级公约时,班主任首先要让全体学生都真正参与进来,生生之间、师生之间要努力创设平等对话的氛围,表达各自内心真实的想法,提高学生的参与度,增强主人翁意识。当学生真正参与其中后,班主任就会发现他们往往能看到任课老师看不到的班级问题。

【案例】

"他"的班级公约

小 A 是同学和教师公认的学困生,平时调皮捣蛋。但是,他却积极参与制定班级公约,发现了班级中存在的许多不良现象,提出了许多切实可行的建议。经过全班同学的再三讨论和研究,他所提的多条建议最终被写进了班级公约。从此,小 A 格外地信赖这个班级公约,处处用它来约束和要求自己。学期结束时,小 A 被同学们推荐为班里的"明星学生"。

(张 媛)

二、班级公约如何制定

如果班级公约只是为了简单应付学校的考评或是检查,从互联网上就能搜索到各式各样的班级公约。但如果是为了建设一个优秀的班集体,为了学生更健康地成长,班级公约的制定就至少需要经历四个阶段。

(一) 准备阶段

首先,要知道班级公约是指班级全体成员共同参与、共同讨论、共同认可的一种约定。班级公约的制定不是凭空想象的,班主任要引导学生去发现身边的问题,并根据具体的问题来制定具体的班级公约,最终是要解决问题。比如,在制定班级公约之前,班主任可以给学生布置课外作业,让学生观察班级学习和生活中的问题并记录下来。例如,江苏省南京市雨花外国语小学的黄晓燕老师在调查班级问题之前先设计了这样一张任务单,见表2-4。

表2-4 班级问题观察记录表

序号	班级问题	存在原因

观察者:_____

黄老师说:"同学们,班级是我们大家的,班级公约能让我们的班级更加优秀。经过观察,你发现自身还存在什么问题吗? 我们的班级还存在哪些问题? 请你利用两周时间进行观察并记录,比一比谁最细心。"

相信这张记录表一出现,学生的调查热情就会被激发,学生内心的班级主人翁意识就会觉醒。学生在发现问题的过程中会更有活动参与感,对于自己是班级不可缺少的一分子的意识会越来越强,对于制定班级公约的兴趣会越来越浓。同时,因为全程参与其中,所以有助于提高他们对班级公约的认同感,从而自觉遵守班级公约,由他律变成自律。

(二) 讨论阶段

在发现问题的工作告一段落之后,接着就要进行问题总结与整理分类。首先利用班会课汇总大家的问题,其次组织学生分组对资料进行分类。比如,可以根据班级人数将学生分为若干小组,每组人数为6人左右,并选出一名组长(负责维持讨论的秩序纪律)、一名记录员(负责记录组员反映的问题)和一名统计员(记录学生在讨论中讲到的问题及其出现的次数),其他学生在小组长的安排下有序进行资料分类。

表2-5 小组问题统计表

序号	班级问题	问题出现的次数
1	广播操进场做不到静、齐、快	6
2	下课后奔跑现象时有发生	5
3	......	......

　　小组工作结束后,班主任要将所有小组的问题进行汇总,并参考社会主义核心价值观,把问题分成个人板块、集体板块、社会板块。个人板块以礼仪、行为规范等为主;集体板块以班级活动规范要求、集体荣誉等为主;社会板块主要强调公民素养、社会责任等。问题分类完成后,还要进行适当删减。那些一次性就能解决的问题可以不纳入班级公约的考虑范围,因为班级公约主要是针对学生容易反复出现的问题。

　　(三)编写阶段

　　在这一阶段,先由小组选择板块,再在组内编写该板块的公约,最后在班级内进行举手表决。班级公约的最终制定,一般需要得到三分之二以上成员的认可。如果有反对者认为某条例不合理或写法不明确,应给出理由,再由全班学生举手表决该条例的弃与留。此时班主任的定位就是班级中的普通一员,既要站在学生的角度思考问题,也要发挥主导作用。比如,在学生拿不定主意时给出建议,让学生自己选择,鼓励学生提出自己的解决方案,并用自己喜欢的方式编写班级公约,如儿歌、图文结合,努力做到内容精练,通俗易懂。

　　(四)完善阶段

　　心理学研究表明,连续21天重复同一种行为就能形成一种习惯,但是要形成一种稳定的习惯则要连续至少90天重复同一种行为。因此,在执行班级公约的前3个月里,师生要共同观察过程中出现的不完善之处和新问题,并做出修改或调整。在班级公约试行期结束后,要通过问卷调查、个别交流和征询任课教师的意见等方式来确定班级公约合适与否,然后最终确定公约内容。要注意的是,班级公约一旦正式公布,就必须坚决执行。同时,每一种制度都不是完美的,因此要不断调整或补充班级公约的内容。例如,随着学生的成长,其自我意识和自律意识逐渐增强,班级公约中有关纪律约束的内容就应相对减少。或者当班级中出现了新问题,随之就应有新的班级公约产生。

三、班级公约如何实施才更有效

　　大部分初任班主任会很认真地把班级公约贴在教室醒目的地方,甚至打成文稿后每人发一份,提醒大家自觉遵守。遗憾的是,很多时候初任班主任用心制定的班级公约却成了一纸空文。如何让班级公约不再沦为无人问津的空头文件,并长久焕发活力?

（一）游戏激励，让班级公约"约"出兴趣

初任班主任可以根据学生喜欢玩游戏的特点，把游戏的概念融入班级管理，激发学生学习班级公约的兴趣。例如，可以在高年级开展"公约记心中"的知识竞赛，学生自己制定竞赛规则和组织出题，通过抢答的方式来回答班级公约的相关问题。其中，答对者可以获得小奖励。在准备和比赛过程中，一方面，可以激发学生熟知班规的热情，并将其内化于心；另一方面，学生的能力也在活动的组织与安排中得到锻炼。对于低年级学生，班主任可以将班级公约编成各类小儿歌，通过诵读公约和情境表演等形式，让他们在轻松愉快的游戏氛围中明白各种好习惯养成的具体要求。比如，整理书包这一条，可以请学生来演一演一天到晚丢三落四的学生，让学生在这样有趣的情境表演中知道每天晚上整理书包的益处，也可以鼓励学生通过绘画来展现班级公约的内容，并把学生的作品展示在班级的板报上。

（二）创新管理，让班级公约"约"见美好

虽然班级公约是学生自己制定的，但实施过程并不一定一帆风顺。长期单一的形式难免会消磨学生的耐心，从而使其滋生懈怠情绪。因此，除了班级公约外，还可以探寻其他形式多样且符合班级特点的创新管理模式。以"聚德银行"为例，它将班级公约中约定的内容纳入管理体系，以小红花代币制的形式对学生平时所表现的良好品行加以肯定。积累到一定的量后，这些"货币"可在一些特定的场合进行"消费"。比如，积满20朵小红花，既可以兑换节能小岗位，也可以去班级小超市兑换小礼品。为了挣更多的"钱"，为了实现自己的既定目标，学生在不停地努力。学生不仅表面上通过公约的落实获得了小红花，还在落实公约的过程中受到教育、熏陶和感染。这才是班级公约与班级创新管理相融合的价值所在，也让班级公约"约"见美好，发挥更大的教育功效。

（三）奖惩分明，让班级公约"约"出成效

虽然班级公约是通过师生共同讨论后制定出来的，但是要把班级公约内化为自己的言行，还要付出长期且艰苦的努力。相应的奖惩措施或许能增强班级公约的执行力。这些措施也必定是在学生集体讨论、交流的基础上，并结合相关的政策法规制定出来的，以鼓励、表扬为主，辅之以小小的惩戒。

"孩子毕竟是孩子"，在惩戒之前，一般要"动之以情，晓之以理"，让他们感受到老师的良苦用心和真心期待。"冷冰冰""缺乏人情味"的惩戒，其效果要大打折扣。比如，网络上曾有一段视频，两位男生因为打架而违反了班级公约，班主任对他们的惩戒是"手牵手到下课，先松手的人认输道歉"。起初，两位男生互不相让，对峙良久。然而，就在他们对视的一瞬间，他俩"扑哧"一下笑出了声，最终重归于好。这样的惩戒方式既"美丽"又有艺术，可被广泛使用。

每学期"优秀队员""班级之星"等荣誉的评选也可以紧扣班级公约，将班级公约中的相关内容融入班级评选。这其实既能科学、综合地评价每一个学生，也能督促每一个学生在平时的点点滴滴中践行班级公约，提升自我修养。教育并不是一件功利的事情，但有时候奖惩分明更能让教育发挥功效，让班级公约"约"出成效。

小贴士：

- 班级公约应以日常行为规范为准绳，依据班级的实际情况而制定，是所有人参与其中所形成的约定。
- 班级公约的制定要与创新的班级管理相结合，利用游戏激励、奖惩分明等方法，让它"约"出成效。

思考题

你认为班级公约的作用是什么？如果要制定一份班级公约，你准备怎么做？

（上海市金山区朱泾第二小学　顾　艳）

话题07　班级文化的隐性力量

 问题导引

温馨教室的创建可以从哪些方面入手？

作为班主任,在建班育人的过程中时常会针对班级学生的个性需求,制定特色发展策略,引领学生学会学习、学会做人和学会生活。温馨教室的创建是初任班主任提升班级水平、促进整体发展和学习的平台。

班级文化包括显性文化和隐性文化。显性文化是指硬环境建设,一般体现在教室环境的布置和班级风貌的一些文化符号上,如班徽、班歌、班训等。隐性文化是指班级中的人际关系以及每个学生身上所反映的一种内在的精神力量。班级文化是显性文化和隐性文化的交融,能在集体中促进学生的全面发展。怎样引导学生创造性地参与班级文化建设?

一、创建温馨的教室

(一) 注重班级显性文化和隐性文化的交融

苏霍姆林斯基曾经说:"无论是种植花草树木,还是悬挂图片标语,或是利用墙报,我们都将从审美的高度深入规划,以便挖掘其潜移默化的育人功能,并最终连学校的墙壁也在说话。"教室是学生学习、生活、交际的主要场所,是教师授业、育人的阵地,是师生交流情感的场所。整洁、明亮、温馨的教室环境可以激发性情,陶冶情操,给人以启迪和教育。

根据小学生的年龄特点,如喜欢干净美观、富有乐趣的教室环境,教室环境布置上除了体现整洁外,还要充分展现班级学生的兴趣爱好和特长特色,使教室净化、美化、绿化、童化。学生自己设计教室环境,感到自己是集体的主人,从而能以更积极的态度参与学校生活。因此,在布置教室时不要有随意性和盲目性:一要注重审美的要求;二要精心选择与班级主题息息相关的内容;三要注意阶段性和

稳定性。整洁、美观、优雅的室内环境,犹如细雨润物,容易给人营造良好的心境,使学生获得心理上的平衡。一个安静、和谐的学习与生活空间,可以影响学生对事物的判断,可以改变学生的学习与生活方式。以情感人,建立和谐、民主的新型师生关系,营造愉快、轻松的课堂气氛,这是让学生积极参与互动的前提和保证。"爱人不亲,反其仁;治人不治,反其智;礼人不答,反其敬。行有不得者皆反求诸己,其身正而天下归之。"用孟子的这段话来指导初任班主任构建和谐的师生关系、创建温馨的教室,应该是再贴切不过了。

班级文化的发展离不开显性文化,任何外显的方式都是其隐性文化的一种体现。

(1)班名的确定。班名是班级的称号,代表了一个班级的精神风貌等,要体现深刻的内涵。

(2)班徽的设计。既要简洁明了,又要内涵丰富,更要体现班级精神。

(3)班级口号和公约的确立。班级口号和公约既是班级的目标期望,也是全体学生努力的目标,因此,要起到积极向上、激励学生共同进步的作用。

(4)班级环境的布置。既要和班级名称相匹配,又要凸显班级文化的主题和色彩。这个过程一般由教师和学生共同完成,既能起到美化环境等作用,又能体现班级的精神风貌。所以,班级环境要与学生紧密相连,以学生为设计主体。只有学生真正参与其中,班级环境布置才会促进学生发展,体现出班级文化外显的符号魅力。

同时,建立班级值日轮岗制,使人人有岗位,为班级建设出力。充分利用值日生工作,鼓励学生为班级的整洁干净出力。做到学生劳动有明确岗位,有专人负责,有评价,有反馈;做到教室环境整洁,东西摆放有序。利用板报和"学习园地",使之成为激励学生奋发向上的宣传阵地。利用教室里的"学习园地""争章园地",从学生学习与生活过程中汲取有效信息,将他们的成长足迹一一展示出来。"学习园地"展示的内容可以丰富多彩些,只要是来自学生生活实际且能展现他们各方面进步成果的都可以,如智慧果园(见图2-2)。"争章园地"以学生喜欢的卡通形象或可爱的造型设计为主,凸显儿童化、趣味化。学生能看到自己与伙伴的进步,心中充满成就感,同时也能找到自己与伙伴的差距,可以及时追赶。

图 2-2　智慧果园

（二）内涵文化的发展

温馨的教室是指一种民主、温馨、和谐、高品位的育人环境，不仅包括温馨、舒适的硬环境（班级布置等），还包括民主、和谐的软环境（师生关系、班级文化等）。创建温馨教室的目的是构建一个载体，为学生心理和人格的健康成长以及教师职业生涯发展营造一个和谐的氛围，使教室、校园成为师生共同成长的精神家园。

（1）让温馨融入班级生活和班集体建设。班主任可以制定班级奋斗目标，凸显班干部的作用，并营造良好的学习风气。强调"快乐"的学习理念，在快乐生活中寻找生活中的快乐源泉。通过班歌等学生喜爱的方式，体现班级的特色文化与内涵，绽放班级魅力。同时，以环境教育为抓手，结合"环保特色章"，引导学生爱护和美化学校环境，争做小卫士。根据学生的实际情况，为每一个学生设立阶梯目标，并尽可能地多看到学生的进步，多鼓励，多帮助，多指导。同学之间相互关爱，营造融洽的集体氛围。班主任要在课堂上充分调动学生的学习积极性，使学生形成"班级是小家，学校是大家"的观念。

（2）建设互助和谐的班级人际环境。教师不能用有色眼镜看待任何一个学生，要引导学生以良好的学习态度向榜样学习，向后进同学伸出援手，做到真诚互助、真心交往和坦诚沟通。

（3）落实常规，形成班风。班干部的培养始终是班级发展的核心。好的班级都有学生领头羊作用的体现。为了尊重每一个学生，可以采取自我介绍、同学推荐等方式，选拔一批优秀班干部，注重培养他们的领导能力。班干部要既能关心班级、关心同学,又能主动学习,成为班主任的得力小助手。每月召开两次会议,对班级中出现的问题进行研讨,提出解决方法,并对班干部进行培训。每位班干部要结合自身工作岗位的特点,起到相互监督与帮助的作用,这样自身的工作主动性也能得到提升。高年级的班干部已经具有一定的组织管理能力,因此可以让他们主动锻炼,并协助班主任管理班级、建设班级。

在培养学生的过程中,要时刻尊重学生,促进学生的个性化发展,然后有序组织班级管理,让学生在集体中健康快乐成长。班主任要有明确的目标,学生的发展贵在平时的积累,关键在于坚持,做到"行与知相行"。相信在规划的前提下不断努力,将创新与反思相结合,班级建设就会生动而又精彩。

(三)温馨教室的形成

班主任既是全面负责班级学生教育管理工作的教师,又是学生健康快乐成长的引路人。因此,其如何创设班级规划并有效执行,将直接影响着班级学生的整体发展。

为了更好地管理自己的班级,应该在实施工作前做一份详细的班级管理规划。根据工作中的实际情况,制定一份针对学生与班级的发展规划,这样才能有序地根据目标实施阶段任务,不断地提升班级文化内涵。班级文化作为一种隐性的教育力量,表现出一个班级独特的风貌和精神,是一个班级的灵魂所在,具有凝聚、约束、鼓舞、同化作用。

任何一个班级都要有明确的集体奋斗目标。无论是低年级还是高年级,都要有共同追求的奋斗目标,这样可以增强班级的凝聚力。对一个班集体来说,既要有远期目标,又要有近期目标。特别是近期目标要切合实际,这样学生易于接近和实现。只有实现了一个又一个的近期目标,才能引导学生实现远大的理想目标,并为实现这一目标而不断努力。

二、创建"一班一品"

"一班一品"是指班级全体成员创造出来的独特的班级文化,是班级内部形成的独特价值观、共同思想、作风和行为准则的总和。它是班级的灵魂所在,代表着班级的形象,体现了班级的生命,是班级生存和发展的动力以及成功的关键。其中,"一"强调的是文化建设的独特性,"品"强调的是文化建设的标志性。

"一班一品",就是在对本班师生进行具体分析的基础上,根据本班师生的个性特长或发展需求,依据学校给各年龄阶段学生提出的德育发展目标,开展富有本班特色的文化活动。"品"既是班级活动的品牌,也是学生的活动品质和相应的成果(作品)。班级文化是指班级成员在班主任的引导下,在朝着班级目标迈进的过程中所创造的物质和精神财富。早期的班级文化氛围能使学生的心灵得到净化、心态得到改善、情操得到陶冶、视野得到拓宽和品位得到提升。班级文化能为每个班级成员提供施展才能的舞台和评先争优的机会,从而有效地激发和调动每个成员参与班级活动的积极性、主动性和创造性,使其拥有高昂的情绪和奋发进取的精神,从而积极投入学习和生活中。

"一班一品"是贯彻学校文化立校之精神,打造班级文化建设之品牌,促进学校内涵发展的重要举措。因此,富有内涵的班级文化能规范学生的行为,启迪学生的智慧,开阔学生的视野,张扬学生的个性,体现学生的自我价值。

(一)"一班一品"的内涵

近些年来,各校都注重挖掘与发挥班级文化的育人功能,把班级建设作为校园文化创建的基础,依靠师生的集体智慧与力量,从班级学生的实际出发,结合本班特色,形成班级文化。

1. 特色思想

通过创建特色班级活动,更大程度地调动了班主任的工作积极性,提高了班主任的工作水平。"一班一品"这种创新的班级管理形式,营造了和谐的班级文化氛围。同时,从学校办学的角度来讲,体现出自身发展的特点,提高了学校的管理水平与办学品位,相应地,对学生整体的健康发展也是有益的。其实,一个班级就有一种文化,一个班级就有一种个性。当学生置身于个性化的班级文化氛围中,能从积淀的班级文化中汲取更多营养,从而更大程度地挖掘潜能,促进综合素质的提高。因此,要广泛动员全班学生参与班级建设,形成班级文化标志,开展"一班一品"特色教育。

2. 特色形式

在特色班级建设中,鲜明的班训、班徽、班规、班歌等,都能直接凸显一个班级的特点与个性。

比如,班训的作用是激励全班学生勤奋学习,刻苦自勉,形成积极健康的班风,如"把每件小事做好""只要行动,就有收获""脚在地上,心在远方"……这些班训分别诠释了小学低、中、高年级学生不同阶段的精神追求。在班徽的设计上可谓形式多样，每一个班徽无不凝聚着全体师生的智慧与汗水。班规制定要遵循"具体、规范"的原则，使学生在良好、规范的行为中体验到自我教育和自主发展，进而让学生在良好的班级环境中健康快乐成长。

在"一班一品"建设中，可以根据每个班级的实际情况设置一个特色板块，比如，"墙壁文化""窗台文化""卫生角文化"等。这些内容可以结合班级文化、学生特点来设计，力求格调活泼，形式新颖，集知识性、教育性、趣味性于一体，真正让班级四壁"说话"，让四壁成为无声的导师。

3. 特色活动

只有经常性地开展富有班级特色的活动，班级制度才能得到执行，团队精神、班风、学风建设才能深化，班级的凝聚力、团队的战斗力和个性的活力才能形成。作为班主任，要有目的、有计划、有创造性地开展凸显班级特色的集体性活动，为学生搭建不同的舞台，打造张扬个性的天地，让每个学生置身于适合自身发展的环境中，并将活动的主动权交给学生，让学生有自主活动和自由发挥的空间，以开展富有创造性的活动。

比如，金山区松隐小学的班主任结合学校的市级"礼乐"文化课题，形成班级特色，用活动与理念支撑起富有生命力与特色的形式。如"温心岗湾"活动，旨在培养学生热爱自己的工作岗位，养成良好的学习习惯，同时通过活动激发学生的爱校之情。根据每学年计划设计班级活动的月主题，然后根据月主题设计相应的周主题，所有主题内容都围绕班级文化主题来创建。从最初班规、班徽的设定到"温心岗湾"活动的开展，充分体现了学生的主体活动意识，形成了班级特色。

(二)"一班一品"的创建依据

1. 学校实际特点

在创建"一班一品"文化的过程中，要充分借助学校的办学理念、校风学风来建设班级文化，体现出深厚的文化底蕴，形成个性教育的特色。学校所具有的这种精神特质成为班级文化建设的导向和发展的源泉，不仅可以帮助学生发展自己的个性，还可以鼓舞学生树立自尊和自信，不断完善自己的人格。这笔宝贵的精神财富是建设有特色的班级文化的重要立足点。

2. 班级实际情况

班主任在接手一个新班级后，要不断对班级文化进行修改和完善。为了使班级文化创建更加趋于成熟,班主任要站在班级整体发展、长远发展角度进行思考,并结合班级实际情况,从文化建设、发展目标、计划实施等方面制定发展规划,并构建一套完整的创建体系。

3. 学生实际需求

班主任要以学生的实际为出发点,才能找到班级文化建设的起点和基础。要善于通过分析班级学生的特点,如班级学生共同的兴趣爱好、心理倾向、特殊才能等,使其成为班级特色文化成长的土壤。比如,有的班主任注重开发和利用学生的特殊才能,成立班级合唱队、运动队、舞蹈队等,组织开展活动,使某些学生的兴趣和才能逐渐扩大影响,并成为班级特色。这样便是以学生为中心,尊重他们的兴趣与能力,体现出学生发展的实际需求。

4. 教师实际特色

每所学校的教师都有其独特的一面,教师的个性品质必然影响着一个班级的建设。教师独特的气质、特殊的才能、专长或爱好等,都可以成为培养学生特殊才能和丰富学生精神生活的资源。因此,班主任要善于利用自己的优势和特点,建设并形成有特色的班级文化。

5. 精神实际体现

班级文化具有移情、承载和凝聚功能,是所有师生共同营造的一种精神财富,体现师生共同认同与维护的理念、情感和价值取向。建设班级文化,打造班级特色,要有震撼力强、号召力强的核心精神,使全体学生有明确的奋斗目标。作为班主任,要结合本班实际,尊重学生的主体地位,发掘学生的潜能,组织全体学生对班级文化建设进行讨论,让学生充分发表自己的意见,从而取得共识,制定班集体的共同目标、班训和班规等。围绕这些内容,每个学生都能为建设健康和谐的班级共同努力。

通过"一班一品"的文化创建,每个班级在德育特色上都有了自己的定位,都有了一个适合自己的特色载体。每个班级都从学生身心发展规律出发,坚持贴近学生、贴近实际、贴近生活的原则,不断赋予活动新内容,创设新形式,达到提高学生人文素养、促进学生习惯养成以及营造和谐班级氛围的目的。

(三)"一班一品"的实施方式

以上海市朱行中学的创意扎染为例,在"一班一品"特色文化的创建中,2012

级(1)班的创意扎染因其独特的地缘文化特色而受到广泛追捧,迅速成长为"一班一品"特色文化的引领。在其创建过程中,2012级(1)班的美术老师通过挖掘本班学生独具特色的创造力,结合自己的兴趣特长,形成"创意扎染"这一班级特色文化。在师生共同探索中,建立"韵染坊",设计班级个性名片,培养扎染骨干学生队伍,并以点带面辐射全班。此外,根据"玩、做、学"活动原则开展活动和编写校本教材,通过自评、互评、教师评价、家长评价等不同评价方式及各渠道成果展示,激发学生参与活动的积极性和主动性,也让学生体会到成功带来的无尽喜悦。如今,"创意扎染"也已成为该校特色教育的一张亮丽名片,享誉区内外。

图2-3 "一班一品"的作品展示　　　　　图2-4 创意扎染

表2-6 上海市朱行中学的"一班一品"项目

典型案例	途径	方法	成效
《"渔悦"背后的故事》[2012级(1)班徐乾婷]	班级特色项目:创意扎染	挖掘学生个性特长,悉心指导并不断提出提升要求,促使学生成长	1. 作品多次获市、区级一等奖、二等奖; 2. 由原先沉默内向的小女生转变成现在自信满满的美少女
《特殊的"恐龙"少年》[2012级(3)班寿文涛]	班级特色项目:纸盘衍纸画	满足学生需求,丰富班级评价形式,展示学生个性特长	1. 在校园内开了个人画展; 2. 由自卑、敏感、不合群的学生转变成开朗的校园名人
《两张草稿纸的故事》[2013级(2)班张灵凯]	班级特色项目:魅力书法	尊重、信任学生,培养学生的个性特长,为学生的成长搭建平台	1. 在少年宫活动中开了个人书法展; 2. 由令教师头疼的问题学生转变成充满正能量的阳光少年

【案例】

"琴韵"文化初建

一、"琴韵"文化的创建背景

温馨教室的创建是建立在班主任工作整体推进的基础上的,对一个班级的整体发展十分有利。除了通过一些活动来充实班级文化外,还要根据班级的实际情况或者学生的自身特点来发展班级文化和学生特色。我坚持主张把班级的管理权给予学生,促进学生健康快乐成长。黄向阳教授在《德育原理》一书中提出,"德育内容""德育手段""德育方法"与实践工作联系最紧密。作为一名德育工作者,要真正把德育落到实处,落实到每个环节。

根据学校的办学理念"拨动教育琴弦,缔造礼乐人生",培养"懂礼仪、善学习、会艺术、爱运动"的礼乐好少年。同时,针对班级学生以学习民乐为主,又对艺术有浓厚的兴趣,不仅创设了"琴韵"文化,有序、有针对性地推进班级建设,还创设了能让学生自主管理的新型班级文化。以点切入,以"琴韵"文化为引领,形成班级特色。通过学生的自主活动、自主管理,营造良好的班级环境,培养会运动、会学习、会生活的健康快乐少年。

二、"琴韵"文化的诞生

作为班主任,都希望自己能在教育中发挥班级的自主性、能动性。最初在设想班级文化时,我也想把"书海拾贝"作为班级文化,毕竟学习是学校生活的主旋律。然而,它的个性不凸显。后来再想想,我们班是一个有民乐特色的班级,每个学生都有一技之长。从低年级起,他们就有意识地接触音乐艺术,并利用双休日在少年宫或学校参加各类活动,对艺术表现出强烈的兴趣。学生们的集体荣誉感强,性格活泼开朗,勤奋好学。如何针对学生的兴趣、班级的特点来创设班级文化,从而更好地管理班级?我根据班级的实际情况,抓住学生的兴趣特点,以艺术为切入口,创设了"琴韵"文化。通过组织班队活动,我们先设计了班标。在图案的设计上,运用"琴韵"的拼音首字母Q、Y,其中Q代表班队的团结,Y似音符,又似海燕形象。大海波浪象征着五线谱,那些跳跃的音符似海燕在大海中搏击,在艺海中翱翔。圆圈又有团结之意,寓意全班学生团结向上、相互合作,体现和谐的班级氛围和顽强拼搏的精神。学生们在艺海中不懈努力,孜孜不倦求学,把音乐、器乐、艺术、文化、运动、好学的精神融为一体,展现了新一代少年朝气蓬勃的气象。班标设计要紧紧围绕班级特色内容,班级文化创建又要与学校大主题相互结合。

我们还创作了班歌:欢歌迎来七彩霞光,礼乐之花竞相开放。我们从小树立远大理想,我们编织未来的梦想。啊!快乐集体,快乐少年,伴随我们一起成长。啊!追求梦想,追求未来,让我们一起飞翔。

"琴韵"文化确立之后,我们开始使班级环境的布置体现相关主题。无论是黑板报、"争章园地"还是"学习园区",都体现出浓浓的艺术气息。

三、开展系列主题活动

通过开展系列主题活动来丰富班级文化,并通过围绕班级核心理念"礼、信、博、责",制定月活动主题、周主题(包括班会、午会等形式),完善班级建设,达到预设的效果。

四、争章完美融合

因为是高年级学生,所以班级的月主题由师生共同制定,围绕目标,开展主题活动,而周主题由学生自己负责,分工活动,锻炼管理与合作能力。

针对班级特色,每月设计两个选修章,要求学生在争章过程中努力进取。通过"争章园地"的设计,让班干部参与管理和考核,学生在各方面的表现都很主动。同时,结合班级的环境布置,围绕班级主题,发挥学生的主动性,共同创建和谐班级,使班级文化建设充满个性与特色。

表 2-7 班级系列主题活动设计表

班级:五(2)班　　　班主任:丁老师　　　课程名称:"琴韵"

单元		主题
第一单元	快乐成长摇篮,自主学习家园(礼)	"琴韵"深深,琴深意长
		艺海搏击,团结和谐
		经受磨砺,合作提升
		真诚学习,体验魅力
第二单元	成长学习舞台,自信阳光少年(信)	我阳光我快乐
		我的舞台我做主
		"音乐小达人"
		成长的足迹
第三单元	快乐学习天天行(博)	合作之花盛艳艳
		博学多才勤耕耘
		雏鹰出巢勤练翅
		我与集体共成长

（续表）

单元		主题
第四单元	体验艺术魅力,用心养护职责(责)	艺海无涯,快乐无限
		我是"小小艺术家"
		我型我秀展风采
		魅力"琴韵"

（丁向阳）

作为班级特色的"一班一品",可以是一种技能的培养,可以是一种方法的习得,也可以是一种知识的丰富和累积。因此,要让"一班一品"不仅仅成为师生共同追求的奋斗目标,更要成为师生共同的精神家园,引导学生做一个精神世界丰富的人。

小贴士:

- "一班一品"特色教育要体现班级特色文化,包括特色的班级理念、灵活的呈现方式和生动的活动形式等。
- "一班一品"特色教育要结合学生需求、班级实际和教师自身特色。
- 在创设班级特色文化的过程中,要不断彰显学生个性特色,共建和谐精神家园。

思考题

你在初次担任一个班级的班主任时,将以什么为载体打造"一班一品"特色教育内容? 你能自行设计一份"一班一品"方案吗?

（上海市金山区松隐小学　丁向阳）

Part 3

主题课的独特魅力

话题08　学生视角的主题班会课

 问题导引

开展主题班会课的具体步骤有哪些？

主题班会课是班主任建班育人的主阵地,是班主任开展德育工作的重要途径之一。如何有效开展一节主题班会课是初任班主任必须掌握的能力之一,也是初任班主任的一项基本功。本话题将重点对如何开展主题班会课及其注意事项展开分析。

一、确定主题:范围小,距离近

无论是主题班会课还是主题教育课,首先要在准备阶段确定上课的主题,也就是这节课围绕什么德育主题开展。选择主题时,要遵循选题范围小、贴近学生生活的原则。"假大空"的选题不但达不到预期的德育效果,而且可能会沦为一场表演秀,实则对学生起不到任何帮助。

班主任最关心的是,面对这么多德育内容,究竟该如何确定主题班会课的主题?

【案例】

发现学生的特点

作为一名小学二年级班主任,我发现自己班级里的学生由于从小就被长辈过度保护,本应自己完成的事情都由家长包办,导致他们的生活自理能力较弱。通过观察和了解,我还发现许多学生对钱的多少没有概念,对商品亦不懂得如何正确挑选,做事全凭个人喜好,缺乏基本的社交和判断能力。同时,他们的自我意识较强,比起灌输教育,他们更喜欢在实践体验中习得知识。

(沈　涵)

案例中的沈老师通过观察和分析后判断班级学生的自理能力较为薄弱,同时也缺乏社交和判断能力。面对这样的班级情况,班主任可以借用主题班会课的形式对学生进行思想道德教育和行为能力培养。

主题该如何确定,沈老师是这样思考的:学校是美育特色学校,美育特色课程旨在以游戏体验的形式激发学生的兴趣,培养他们的创新实践能力。学校的美育特色课程——"童心行动"更是根据不同年级学生的不同特点,设计了受学生欢迎的分层实践活动。二年级正巧有"购物小课堂"这一社会实践活动,这与她希望达到的德育目标不谋而合。但是,"购物小课堂"更注重购物的实用性,而在购物中除了要学会购买外,选择购买什么产品,为什么这样选择,其背后也蕴含着大智慧。于是,"争做购物小达人"的主题就孕育而生了。

从沈老师的思考中不难发现,一个好的主题不仅要基于学生的学情,还要善于和学校的特色相结合,更要和传统文化、社会主义核心价值观等相融合,做到以小见大,从小处着手,大处着眼。

班会课的主题一般分为以下三类:计划性主题(大多由学校德育处安排实施)、针对性主题(依据班级学生情况进行制定)和偶发性主题(如 2020 年新冠疫情下的种种话题)。

除此以外,班会课的主题选择还要考虑多方面因素,可以从以下几点进行思考。

（一）借助《中小学德育工作指南》

《中小学德育工作指南》中的德育内容有五项,分别是理想信念教育、社会主义核心价值观教育、中华优秀传统文化教育、生态文明教育和心理健康教育。这五项内容涵盖面较广,内容选择面也很大。如何结合校情、班情、学情寻找符合自己班级的班会课主题是班主任要思考的问题。

（二）依托校本课程

每个学校都有自己的特色课程,依据学校的特色课程来个性化地选择自己班级的班会课主题,这样既符合学校要求,又能凸显班级特色文化建设,一举两得。

但在设计主题班会课之初,一定要对主题所蕴含的理念有深刻的认识和思考,这样设计出来的班会课才不会成为一次"场面活动"。

（三）针对班级学情

主题班会课不仅要有教育意义,还要有针对性。主题班会课的主题选择和确认正是考察班主任挖掘有价值的德育素材的能力,而好的德育素材往往来自生活。班主任是否能敏锐地发现班级学生存在的教育问题,对学生成长阶段可能存在的品格问题和心理发展问题做出科学推断与预测,不仅需要其具有敏锐的观察力和对问题的洞察力,还需要其具备较好的理论素养和带着研究意识去开展主题班会课的理念。开展主题班会课的一般步骤如图 3-1 所示。

图 3-1 主题班会课的"三步走"

这就要求班主任在日常工作中也要随时留心学生的行为、态度、心理变化,并能进行归因分析,提炼出适合集体开展的班会主题,进行思想道德教育。

确定好主题后,也要特别注意用词尽量简洁、口语化,还可以使用具有时代特征的语言,拉近班会和学生之间的距离,带来亲切感。

二、背景分析:连天线,接地气

撰写方案前,首先要对所开展的班会主题进行背景分析。许多班主任都会忽略这一点,认为背景分析比较虚,并不重要。其实,全面、透彻的背景分析能让你更明晰这节主题班会课需要落实的目标和内容,有针对性地对相关活动进行设计和安排,做到有的放矢。

【案例】

结合时事热点,开展主题班会课

由于 2020 年受到新冠疫情的影响,学校虽暂时不能开学,但教育部发出"停课不停学"的号召。面对这样的突发情况,我意识到这虽是一次危机,但也是教育孩子的宝贵契机。于是,我打算开展一次主题为"我和我们"的主题班会课,旨在正确引导学生感悟生命和责任的重要性,使学生明白个体与整体的关系,做勇于担当责任,为家庭、社会、国家做出力所能及的贡献的接班人。

确认好了主题后,我认真撰写了背景分析:近期,全国各地陆续发生新冠疫情,教育部高度重视疫情防控工作,要求各地和学校及时采取应对措施,做好防控工作。生命重于泰山,疫情就是命令,防控就是责任。作为德育主阵地,更要加强对学生的生命责任教育,增强其爱国情感。面对复杂的社会现象,初中生缺乏辨析能力,容易受到不良社会现象的影响,缺乏对生命、责任和家国的正确认识,不利于其身心健康成长。此时,正需要加强思想教育,帮助其树立正确的世界观、人生观和价值观。

(匡　云)

从案例中的背景分析不难发现,班主任在撰写主题班会课的背景分析时可以分别从当下政策、环境和学生自身情况来阐述,大致分为以下两方面。

(一)连天线:政策和文件

这方面一直是班主任比较容易疏忽或遗漏的。许多班主任在进行背景分析时常常会结合学校特色、班级特色、学生学情,但却没有对国家、地方相关政策和文件内容的解读,这从侧面也反映了班主任岗位的专业性还有待提高。在努力低头做事,忙于日常工作的同时,还要关注教育动态和新政策的发布。一些方向性、原则性的导向文件是需要领会并加以实施的。

例如,在撰写大背景时可以参考《中小学德育工作指南》《中小学生守则》《关于进一步加强中小学班主任工作的意见》《中小学班主任工作规定》《中国学生发展核心素养》等。要养成时刻关注教育动态的习惯,只有扎实的理论知识、了然于心的文件精神,再加上遇事多思考、行动有方法,才能成为一名优秀的班主任。因此,建议初任班主任可以从一开始就准备好一个文件夹,用于存放教育部门印发的相关文件,也可以收集有关专家、学者的论述,这些资料将成为有力的臂膀。

(二)接地气:问题和特色

背景中的第二部分是,基于这样的大背景,你所任教的班级有哪些相关表现和突出的共性问题。这是在撰写小背景时班主任需要思考的内容。这部分内容和主题班会课开展的活动形式密切相关,其实背景也就是学生已有的问题和特色,是这节班会课的起点。只有深入了解学生的当前情况,才能对症下药,才能更为合理地安排整节课的内容,否则一节主题班会课很有可能会成为一节"活动表演课"或是一盘"乱炖"。什么都有,什么都要,也就意味着什么都没凸显,什么都没达到。

同样的问题和主题放在不同的班级可能就会有不一样的开展方式,这些都和背景分析有关,也是考验班主任对班情的把握是否正确、清晰。

三、撰写目标:要具体,可考量

在撰写主题班会课的目标时,也要遵循符合学生年龄特点,符合国家培养学生的总体目标两项重要要求。

《中小学德育工作指南》中的总体目标指出:"培养学生爱党爱国爱人民,增强国家意识和社会责任意识,教育学生理解、认同和拥护国家政治制度,了解中华优秀传统文化和革命文化、社会主义先进文化,增强中国特色社会主义道路自信、理论自信、制度自信、文化自信,引导学生准确理解和把握社会主义核心价值观的深刻内涵和实践要求,养成良好政治素质、道德品质、法治意识和行为习惯,形成积极健康的人格和良好心理品质,促进学生核心素养提升和全面发展,为学生一生成长奠定坚实的思想基础。"

主题班会课正是班主任德育工作的主阵地,如何通过一堂堂精心设计的主题班会课达到育德的目的,这就需要班主任有系统、全面、阶段性的德育目标,做到心中有尺,眼中有爱。

在撰写主题班会课的具体目标时,班主任要注意以下几点。

(一) 针对性

针对性是指目标是基于学情思考后制定的,不是泛泛而写,有一定的特殊性,不可复制。不同的班级,其目标所指的内涵不尽相同,这就要求班主任对所任教班级的学生有充分的了解,对所开展的主题班会课的主题有深刻的理解,对活动开展过程中可能生成的问题有充足的预设。

下面来看两个以"梦想"为主题的目标:

A:能明确自己的目标,并为之努力奋斗。

B:通过本次活动,让大部分学生能明确自己未来的努力方向,朝着梦想一步一个脚印前行,让少部分处于迷惑期的学生慢慢明确自己的方向,并为之努力前进。

很明显,A 的表述更为笼统,而 B 的表述分成两部分,是基于班主任在开展此次主题班会课前对班级学生的了解后形成的。同样的主题内容不同的目标撰写,既能体现出班主任对这节主题班会课所花费的精力和时间,又能体现出这节班会课的价值。无论是在学科教学中还是在德育教育时,班主任只有明确每节课具体要达成的目标,才能在过程中更好地开展活动。

除此以外,班主任在撰写主题班会课的目标时,可以分别从知识目标、情感目标和行为目标三方面去思考,这样目标的达成会更有层次,也会更符合学生的认知规律。

(二) 适切性

适切性是指目标基于不同年龄阶段的学生表现出的不同特征来制定的。不能肆意拔高要求,要在学生的最近发展区中寻找可能性。同时,也不能选择学生已经基本掌握的内容,不然就失去了开展主题班会课的意义。

例如:小学阶段以感知、了解、初步认识为主,让学生对世界和自己有一定的认知;到了初中阶段,以理解、充分认识和表达自我为主,让学生初步构建自己的独立意识;到了高中阶段,学生慢慢形成自己的价值观,主题班会课则要更多地从价值澄清、社会问题和辩证思考等方面达到德育目标。

【案例】
辨析时尚,追求真美

一、活动设计理念

作为新时代的高中生,世界观、人生观、价值观、审美观正在成形。在这个崇尚变化新颖的社会,怎样引导学生在各式各样时尚潮流的影响下,寻找属于并适合高中生的时尚,使其在追求外表时尚的同时,还能注重自身精神文明建设。因为学生对任何新的事物都非常好奇,所以要通过新颖的形式来引导他们在追求时尚的同时追求内心的真美。

二、活动目标

1. 通过资料的整理和分析,增强学生对时尚的认识,让其初步意识到在潮流面前不能随波逐流,要有自己独立的审美意识与品位。

2. 在班主任的引导下开展讨论辨析,使学生懂得美丽不仅仅是表面上的,更重要的是行为美、理想美、心灵美等,提高他们对美的鉴赏能力,在理性追求外表美或时尚的同时,更注重精神美。

3. 通过前期排演情景剧,小组合作完成的形式,进一步培养学生的合作组织能力、表达能力等,并让学生从中自发地领悟到精神美更受人尊重和欢迎,从而做一个真正懂得时尚、追求真美的人。

（任梦云）

从案例中可以看到,任老师撰写的目标可以体现高中阶段学生的特点,因此目标具有适切性。美是人人追求的,尤其在高中阶段,追逐时尚的热潮一波接一波,关键是如何正确引导学生追求真美,理性追逐时尚。任老师撰写的目标充分体现了"以学生为主体,以教师为主导"的主题班会课性质,通过整理资料、共同合作和辨析讨论等形式来达到活动目标。

（三）可操作性

可操作性是指目标中包括一定的操作步骤和活动方式,让人一看就能明白这节课具体要开展哪些活动和内容,便于在随后的课堂中进行评价。

下面来看这样两组撰写目标的案例:

A:1. 知道友善的基本含义。

2. 懂得与人为善的重要性。

B:1. 通过一组班中"友善小举动"的短视频,让学生知道什么样的行为可以称之为"友善"。

2. 通过小品演绎的形式,用对比的方法呈现出同一情境下对待问题的不同处理方式,让学生领悟友善的重要性。

同样是以"友善"为主题,撰写目标时如果能像 B 这样写,就会让观课的教师更明确这节课的呈现形式和目标的达成度,也更有利于班主任在开展主题班会课前有目的地准备材料,安排实施过程。

四、课前准备:分工明,展才能

班主任能否在课前准备期间调动学生的积极性,对这节课的成效起到重要的作用。班主任为了主题班会课的顺利开展,要事先完成各种协调、组织等前期准备工作,包括对场地的安排和布置,班会课上使用的媒体和道具的准备,学生主持稿的审核,等等。

但无论课前做了多少准备,如果这节课的课前参与只是班主任布置任务,学生完成任务,就完全显现不出主题班会课的优势和特点。因此,在准备期间,还要关注以下几点。

（一）班主任赋能引领

学生是班会课的主体。在学生主持的主题班会课中，班主任更要发挥积极的作用，在鼓励、发挥学生积极性的同时，还应给予学生积极的指导。

1. 召开班委会

班委会可以代表学生的意见，因此在主题选择和确定内容的过程中，班主任可以通过召开班委会的方式来了解学生对这个主题的想法和已有认知，在此基础上再制定合理、合适的实施流程。

2. 征集金点子

要发挥学生的主体作用，从准备期间开始就要培养学生的主人翁精神，引导其认识到主题班会课的主角是自己。可以在每次确定主题后开启金点子征集活动，学生既可以自由组合，又可以小组讨论，形成有价值的金点子，最后由班主任安排、调整、实施。

表3-1 金点子征集单

我有金点子
我的想法：
我这样想的原因：
我可以帮忙做：

3. 发布招贤令

如果一节课只是班主任一个人在忙活，那就失去了主题班会课的意义。班主任更多的是起到主导和引领作用，而招贤令就可以调动更多学生的积极性。

表3-2 招贤令

各位学生，下周五我们将召开一节以"垃圾分类"为主题的班会课，以下岗位在招募人员，欢迎大家踊跃报名。			
主持人2名	视频拍摄3名	多媒体制作2名	资料搜集5名
活动统筹1名	探究小组长6名	道具准备3名	

招贤令的内容和岗位安排需根据不同的班会课主题和实施内容来设计，不能照搬，但其本质是为了调动学生的积极性，发挥每个学生的特长。班主任要做的是安排好岗位的具体事宜，跟踪了解准备情况，及时给予帮助和指导。

（二）学生分工明确

在准备阶段，班主任要让每一个学生明确自己的分工。在具体实施过程中，还可以采用以下分工方式。

1. 小组承包制

分组的形式有助于不同程度的学生各有所得，做到人人参与其中。在主题班会课的准备期间，采用小组承包制可以更好地给学生自主选择准备任务的可能性。同时，合作的形式不仅能发挥群体的积极作用，还能锻炼个体的能力，也提高了学生的参与度。

在学生分组分工明确后，班主任还需进行进一步的指导和帮助。准备过程中，组内学生共同讨论、商议、分配任务的过程实则也是德育的一部分，这在一定程度上激发了学生的主动性、创造性。

2. 凸显学生特点

无论这节主题班会课的主题是什么，都要明确课堂的主角永远是学生而非教师，不要将主题班会课变成班主任的"一言堂"，一定要在充分尊重学生的基础上设计和开展活动。在准备期间也是如此，班主任要能具体了解班级每一个学生的特点，从而根据特点选择性地安排准备内容，也可以让学生自主选择自己感兴趣的方面进行准备。

【案例】

"礼仪之树结硕果，文明语言记心间"的活动准备

1. 学生：班级分成四个小组，豆花小组搜集关于文明用语的小故事，挑选两个上台交流；豆芽小组根据提示搜集常见礼貌用语并进行归类；豆荚小组准备关于语言文明的知识问答；豆瓣小组表演情景剧。学生自制果实卡片。

2. 教师：录音并制作课件。

（孙立学）

从案例中可以看出，孙老师在撰写活动准备时将学生准备的内容按小组分成四部分，分别从故事、礼貌用语归类、知识问答和情景剧方面引导学生关注主题体现的内容。这样的准备形式比较适合小学中高年段和中学阶段，具有一定的自主性。

（三）准备而非彩排

要避免演出式的主题班会课，就要在准备阶段适当留白，切忌采用彩排的形式，以求达到最佳效果。在主题班会课中，学生通过参与和引导后自然生成的资源是十分可贵的。不要因为担心出错就全部安排到位，甚至彩排一遍，适当留白是为了起到更好的教育效果。

五、具体实施：形式亮，有层次

需要强调的是，形式要服从于内容，内容决定形式，坚决摒弃形式主义。

（一）创新形式

在主题班会课的实施过程中，班主任习惯采用一些比较常规的形式开展活动，形成一种墨守成规的模式，渐渐地让主题班会课失去精彩。学生也需要新鲜体验，如果能围绕主题进行形式创新，相信主题班会课会更吸引学生，教育达成度也会更高。

1. 活动体验

此类活动是主题班会课中最常见的，目的是给学生体验的过程，从而使学生对这一主题的内容有更深入的体会，加深对相关教育内容的理解。

【案例】

"伸出我的手，温暖你的心"的活动准备

1. 学生：搜集身残志坚的同龄人的故事，搜集取得非凡成就的残疾人的故事。

2. 教师：准备残疾人相关标志、残疾人生活视频、眼罩等体验工具、活动课件等。

3. 体验残疾人的生活：（1）在教室里蒙着眼睛走路、喝水；（2）用一只手系鞋带、穿衣服。

（设计意图：通过游戏的方式来体验残疾人的普通生活，深入了解残疾人。）

（陈晶仪）

对初中生来说，与其泛泛而谈"赠人玫瑰，手有余香"，不如通过体验活动让他们亲自获得感悟，这样他们的理解会更深刻。陈老师在设计活动时还给学生真实演绎了残疾人遇到的困境，让学生学习如何智慧地帮助残疾人的方法。通过体验活动，引起学生对残疾人的关注，鼓励学生多做善举。

其实,活动体验在主题班会课中的运用非常广泛,很多主题都可以采用这样的形式,让全班学生参与课堂,切实感受到主题要传达的信息。

再如,在一节主题为"花灯高高挂,情义代代传"的班会课上,班主任胡老师希望通过这样一节主题班会课,让"花灯"这一非物质文化遗产在学生心中留下记忆,甚至使学生产生兴趣,从而主动了解和学习这一传统文化。

【案例】

花灯高高挂,情义代代传

做花灯环节的内容如下:(1)听教师讲解插片灯的制作步骤;(2)学生动手尝试;(3)了解更多环保花灯。

班主任:小朋友们,今天我们做的是最简单的插片灯,其实还有很多材料可以用来做花灯。瞧,这是用彩色丝袜做的小猪灯,这是用竹片和纸糊成的宫灯,这是用雪糕棒做成的宫灯,这是用矿泉水瓶做成的火箭灯……只要你们开动小脑筋,做个有心人,就可以设计出漂亮的花灯。这样做花灯的技艺就可以在你们的手中传承下去啦!

(设计意图:亲手制作花灯,让学生体会花灯好看但并不难做,每个人都能成为心灵手巧的花灯艺人。在做花灯的奇思妙想中渗透了环保理念,让花灯更有亲和力,更可爱。)

(胡娓娓)

胡老师的设计巧妙且符合主题,并引导学生采用环保材料去创新花灯的款式。在制作完成后,班主任要记得像胡老师这样用一段话进行总结,让学生在体验中感知,在思考中升华主题。

活动体验的形式,可以让更多的学生参与班会课,而不是作为一名观众去观摩整节课,既有很好的互动性和参与性,又能体现学生的主体地位。但针对不同的年段,班主任设计的体验活动也要有所区分,不合适的体验活动非但无法带来好的效果,甚至有可能会让课堂杂乱无序,达不到预期目标。

2. 问题讨论

学生在班主任或主持人的引导下,围绕某个话题进行讨论,或者设立正反两种观点,展开辩论。通过这样深入的讨论,让学生对某一话题或观点形成自己的理解。

【案例】

"脚踏实地"——制订可行计划

1. 以嘉宾为例,结合自身现状,制订切实可行的计划,将计划写在对应的台阶下方。

幻灯片展示以下参考问题:

(1) 要实现目标,需要采取什么措施?

(2) 第一步应该做什么?

(3) 需要克服哪些障碍?

(4) 有哪些方面需要改变?

2. 学生以小组为单位进行讨论,邀请听课教师现场指导,共同帮助嘉宾制订和完善计划,并对三者的计划进行归纳总结。

(设计意图:引导学生初步制订契合自身发展的综合计划,因为只有完善的计划才能给予他们追梦的勇气。)

(刘思薇)

刘老师采用这种边讨论边绘制的方式,让全体学生参与活动讨论,从自身出发去思考。讨论的形式也并不拘泥于师生问答,而是采用小组讨论,邀请听课教师现场指导,再退到第三者的角度去帮助嘉宾制订和完善计划。这样的三步旨在告诉学生:在制订计划时,可以请朋友、师长指导,甚至可以跳开主角意识,从旁观者的角度去思考,或许计划会更恰当,更具有可执行性。

同样是采用问题讨论的形式,对高年段学生来说,也可以开展辩论活动,让学生自己选择支持的观点。辩论前,他们需要收集资料,内化理解,形成观点。例如,李老师在主题为"杏园逐梦"的班会课上,希望学生通过这节主题班会课能明确自己未来的努力方向,因此设计了一场辩论赛。

【案例】

杏 园 逐 梦

进行小型辩论赛活动:在逐梦过程中,自强、务实、和合、奉献,哪种精神更重要?双方辩手自由选择其中一点展开辩论。

(设计意图:通过辩论的形式,让学生更加清晰地了解自己在逐梦过程中所碰到的困惑与挑战,明确自己该如何抉择。)

(李青青)

问题讨论也是主题班会课中常用的活动形式,但老套的活动形式如果包装上亮丽的外衣,依旧可以成为吸引学生参与的精彩活动,这就需要班主任不断开动脑筋,思考符合学生年段特点的创新讨论形式,让讨论成为思维碰撞的场所,在碰撞中深化对主题的理解,从而达成目标。

3. 角色扮演

这一类形式是希望学生通过模拟一些生活、学习中的场景,扮演某一类角色,获得关于某一主题的深刻体验。观看的学生也能更好地将自己代入情境中,感知这一主题的教育内容。

例如,在主题为"篆写方圆,刻画人生"的班会课上,班主任杨老师通过小品演绎的形式,让学生感受闲章"方寸之间,气象万千"的奇妙魅力,激发学生对拥有属于自己的闲章的兴趣。

【案例】

气象万千:"闲章"趣味小品表演

1."闲章"趣味小品表演。由学生扮演历史名人,带着印有特色"闲章"的大卡纸从座位上走出,讲述手中"闲章"背后所蕴含的小故事。

(1) 郑板桥,清代书画家。他用于书画的闲章有很多,而在他众多闲章中,尤以"七品官耳"最为著名。他做了 12 年的小县令而不得升迁,实属怀才不遇,仕途维艰,故刻印"七品官耳"以自嘲。

(2) 齐白石,湖南湘潭人。历代书画家以籍里为内容的闲章很常见,大多以标榜门第族望之荣耀,或以显扬乡邻山水之灵秀。然俱以气概之豪迈剑拔而论,都无能出齐白石的"中国长沙湘潭人也"之右者。

(3) 徐悲鸿,刻有"悲鸿生命"闲章。他因《八十七神仙卷》得而复失、失而复得,两印"悲鸿生命"。

(4) 高凤翰,清代画家,字西园。54 岁时突患风痹症,右臂病残,遂使左手握笔。后被誉为扬州画坛的"西园左笔",刻有闲章"丁巳残人"。

2. 故事讲完后,依次把大卡纸靠放在黑板上,作为下一环节的参考。

（设计意图：通过新颖的小品表演形式，尽可能让更多的学生参与活动并展示自己，鼓励学生对自己负责的闲章及闲章作者进行深入了解，让学生在亲身参与的轻松氛围下感受闲章的奇妙魅力。）

（杨逊蕾）

角色扮演生动形象，特别适合低年段学生。在富有故事情节的表演中，参与活动的学生能展现自己感受到的角色精神，观看表演的学生也能全情投入，聚焦内容。

4. 故事分享

通过故事或视频内容呈现的形式，引发学生共鸣，调动学生情感，从而达到教育目的。

例如，在主题为"培养好习惯，铸就好品质"的班会课上，班主任孟老师采用故事分享的形式来实现教育目的。

【案例】

培养好品质

1. 名家小故事

（1）王羲之临池学书（视频）；

（2）颜真卿黄泥习字（故事）。

（设计意图：通过课前搜集的小故事，引导学生学习书法名家身上克服困难、坚持不懈的好品质。）

2. 身边好榜样

请学生分享身边好榜样的故事。

（设计意图：通过榜样故事的分享，为大家树立学习好榜样，使他们都能学习榜样身上克服困难、坚持不懈的好品质。）

（孟仙英）

故事分享的形式比较通用，适合所有主题和内容。但在选择故事内容时，班主任要特别注意，一定要选择适合主题且符合学生理解能力的故事，不要一味地追求课堂的华丽而选择一些画面感很强的视频，实则内容寡淡或学生根本无法理解，这就失去了故事分享的意义。

（二）突出重点

班主任在设计过程中除了要注意形式的创新外,还要关注每个活动之间的联系,不要最后拼凑成一盘"大杂烩"。因此,在撰写实施过程时,一定要思考重点是什么。很多青年班主任常常会觉得这也需要那也需要,最后把内容塞得满满的,课堂十分热闹,学生也十分开心,但重点是什么,一节课后学生的收获又是什么,这些可能并没有被突出和显现出来。

所以,班主任在选择材料和考虑形式的同时,一定要注意每个板块之间的内部联系是紧密的、连贯的、有序的。环节要清晰,主题要集中,重点要突出。

（三）层次分明

环节之间除了要相互关联,能突出主题外,还要符合学生的认知规律,做到层层递进。

导入部分要唤起学生的情感共鸣,激发他们的兴趣,调动起他们参与活动的积极性。教育目标要融入每个板块之间,从知识、情感、行动三个维度去层层递进,让学生在感悟体验中抒发情感,并在内化理解后采取行动。

例如,在主题为"给垃圾找个家"的班会课上,班主任丁老师设计了这样几个板块:垃圾分类我知道、垃圾分类我体验、垃圾分类我收获。

从知晓到体验,再到收获,层层递进,既让观课的教师一目了然,也符合学生的认知规律。

（四）主题升华

主题升华是班会课实施过程中的最后一个环节,也是非常重要的一个环节。在班会课结束之际,班主任或师生共同对这节主题班会课进行总结和升华,这是这节课的点睛之笔,不可缺少。但往往一些班主任会认为按流程全部完成班会课后,只要宣布结束即可。然而,整节课中有许多准备和自然生成的部分,最后都需要班主任给予一定的正向引导,才不会使整节课的教育方向发生偏差,这也是检验班主任是否充分发挥主导作用的重要参考指标之一。总结内容可以是事先准备好的有关主题内容的发言,也可以是根据现场学生生成反馈后的有针对性的发言。

例如,在一节八年级的主题班会课上,王超老师以"人人当有责——今天我们聊责任"为主题开展活动。最后,王老师是这样总结发言的:

同学们,每个人都会长大,也必然会成人。

80后是第一代独生子女,曾被称为垮掉的一代。但是,2008年的汶川地震时,二十出头的80后们在抗灾前线用自己的行动为自己正名。如今,80后们已然成为家庭和国家的中坚,传承着上一代人的薪火。

曾经同样被担忧了的90后们,在2020年的抗疫战场中挺身而出,义无反顾,书写最平凡真实的感动。他们说,2003年非典时,全世界守护了90后;2020年,换90后守护这个世界!

中国正走在民族复兴的道路上,2021年是中国共产党建党100周年。当中华人民共和国成立100周年时,你们正风华正茂,将成为一个时代的象征!

毛泽东主席对青年们说过:"世界是你们的,也是我们的,但是归根结底是你们的。"你们就是这样一群被全中国寄予厚望的年轻人,希望你们能从今天起,明确自己的责任,勇于担当,积极进取。相信你们00后也一定会有一天在这个世界舞台上向自己致敬,为自己喝彩!

要凸显班主任在主题班会课中的主导地位,最后的总结发言还要有一定的导向作用,这样才能保证学生对这节课的主题内容的理解是符合期待的,是朝着目标方向的。同时,这样的引导性总结也为下一次的主题班会课打下基础,尤其是系列主题活动,是一种铺垫和过渡。

小贴士:

• 确定主题时,切入点要小,要贴近学生生活,符合学生年龄特点。

• 目标撰写切忌太虚,要将整节课的德育目标落到实处。

• 内容要有层次性,体现认知规律和发展规律。

 思考题

《中小学德育工作指南》指出,要积极开展节日纪念日活动。如果此时正值"五一劳动节"前夕,请你结合班级实际情况,开展一节主题班会课。

(上海市金山区前京小学 龚瑾晔)

话题 09　教师视角的主题教育课

 问题导引

主题教育课要如何有效组织与实施？

上好主题教育课既是实现班级教育目标，对学生进行思想道德教育的一种有效形式，也是解决学生学习与生活问题，提升班级凝聚力的重要途径。一节好的主题教育课，从教育主题的选择、设计背景的剖析、教育目标的确立到前期准备的布局以及实施过程的设计，都需要班主任的精心与匠心。

一、确立主题：班本设计，基于需求

主题教育课的主题从何而来？班主任又该如何确立主题？

（一）被动生成：任务驱动，班本设计

在班主任的教育教学中，有很多常规工作是避无可避的，比如，各种班会课评比、校本课程的实施、节假日主题活动的开展等，这些都是被动生成的。开学、放假、考试、选科、毕业等，同样也是被动生成的。

对于这些已经给定方向或主题的任务，初任班主任要如何"戴着镣铐跳舞"，从给定的大主题中确立适合自己班级的小主题？

比如，小刘老师所在的学校大力推行生涯发展教育课程，有一套完整的校本教材体系。因此，小刘老师需要按照学校要求开展系列化主题教育课。但是，成熟的校本课程就一定适合班级的实际、符合学生的需求吗？

小刘老师所带的班级是具有理科特色的资优班，学生具有博学善思、敢于质疑、勇于探索、自主发展的特点。高一伊始，小刘老师就与学生共同确立了班级主题为"星空"，班训为"脚踏实地，仰望星空"。

对于这样的班级，仅仅依据校本课程"照本宣科"是远远不够的。因此，小刘老师根据班级特色梳理和调整了校本主题，设计了"班本化"的主题教育课，见图3-2。

图 3-2 设计"班本化"的主题教育课

表 3-3 各类校本主题教育课

校本主题	班情分析	班本主题
我的高中,我适应	班级大部分学生从小学到初中的成绩一直名列前茅,但进入"星空"特色班后,经历了第一次摸底考,发现自己不过尔尔,因此产生了巨大的心理落差。与此同时,大多学生又是第一次住校,新的集体生活、新的老师和同学等,都令他们产生紧张、不安、不适等心理。他们亟须消除心理负担,尽快适应新学校、新班级、新阶段的学习与生活,重新建立起自信心,树立起信念和理想	"星空"特色班,我来了
职业世界,我探究	高中阶段学生的学习任务繁重,接触不同职业的机会相对较少。班主任在与班级学生的交流中发现,本班学生对于理想职业的选择往往受网络、影视作品和亲友的影响,对于真实的职业世界并没有一个清晰的概念,亟须职业方面的指导,需要对职业有初步的了解	职业世界初体验
高中生涯,我规划	"星空"特色班的学生进入高中学习了一段时间后,其适应能力和班级凝聚力逐渐增强。但作为高一新生,对于学习目标和人生目标依然颇感迷茫。"脚踏实地,仰望星空"是由本班师生共同制定的班训。将班训作为贯穿本次生涯教育的主题,旨在加深学生对于班训和此次活动主题的理解	脚踏实地,仰望星空
自我评价,我成功	在经历了一年的学习之后,班主任发现班级学生出现了两种消极的自我认知。部分学生进入理想的学校、理想的班级后,反而在精神上逐渐产生松懈。还有一部分学生可能由于种种原因,对现状并不满意,再加上"星空"特色班对学生的要求更高,导致学生产生焦虑不安、动力不足的情绪	给未来的一封信

（续表）

校本主题	班情分析	班本主题
复习迎考，我高效	在高一、高二阶段，学生通过系列测试了解了自己的性格和适合从事的职业方向，初步明确了职业展望和定位。但距离高考还剩一百多天，在职业生涯规划这条道路上，高三学生到底还能做些什么，一向被认为是资优生的"星空"特色班学生又该做什么。这些是学生当前最大的困惑。所以，本次班会主题设为"敢问路在何方"，旨在让本班学生明确目标，认清现实和理想的差距，发挥自身优势，弥补不足，力冲名校	敢问路在何方
挫折考验，我坚强	"星空"特色班已经走到了高中生涯的最后阶段——高考前30天。在高三二模考试中，班级中的一些学生发挥不佳，考试成绩与自己的理想大学差距较大，遇到了挫折。帮助学生战胜挫折，恢复自信，勇于面对高考的挑战，是当务之急	璀璨星空，不留遗憾

任务驱动所给定的主题往往非常笼统，班主任可以依托任务，但不必拘泥于给定的材料。从小刘老师的操作中可以看出，班主任首先要有敏锐的洞察力，打破局限，立足班情，找准教育活动最合适的切入点，在校本"大主题"中找准班本"小主题"；其次要充分发挥自身的创造性，设定充满活力和吸引力的主题，让主题教育课发挥其真正的价值和作用。

（二）主动挖掘：事件诱发，针对性强

除了无可避免的任务驱动需要班主任迎难而上外，在日常学习与生活中，主题教育课一般来自话题或者问题，起因则往往和班级或学生的事件相关。在这些偶发事件中，往往蕴含着巨大的教育意义，是教育的契机。智慧的班主任通常可以抓住这些契机来生成精彩的班会主题。

【案例】

让晨光温暖夕阳

作为乡村中学的老师，我在某一次放学时看到学生小A极其粗暴地对待接他放学的年迈的奶奶，不仅有言语上的顶撞，还有行动上的推搡。我在调解祖孙矛盾时也观察到本班负责学生接送的大多是祖辈，且学生对于祖辈的接送往往是漠然的、习以为常的。于是，我在学生中进行了小调查，发现很多学生是与祖辈共同生活的。隔代教养已经成为当今社会的新现象。不少父母因为工作的缘故,不得不将子女托付给爷爷奶奶或外公外婆照顾,乡村学校的这种情况更为凸显,祖孙关系日益成为学生家庭关系中的重要部分。然而,通过问卷调查,我还发现在班级学生所受的"孝"的教育中,更多涉及的是父母,却极少关注日渐衰老、更需要关心的祖辈。

针对这一情形,我设计了"让晨光温暖夕阳"的主题活动,希望能改变班级学生对于祖辈的消极负面态度,同时也是对传统的"孝"的教育做出一点突破和尝试,这是对逐步进入老龄化社会现实的一种有益的舆论宣传。

（王文文）

王老师从一个偶发事件入手,发现学生问题,解决班级问题,从而达到教育的目的。其实,在日常学习与生活中,这样的偶发事件还有很多。

一种可依据空间格局来进行划分——大与小。所谓大,是指国家和社会生活中的大事件,如奥运会、世博会;所谓小,是指班级生活中的小事件,如学习、交往、情绪。但大与小是相对而言的概念,大事件需要小切口,小事件也可以挖掘大意义。

另一种可依据时间格局进行划分——先与后。先是指已经发生的问题,需要总结性指导;后是指未来可能会发生的问题,需要预设性引导。两者都是必不可少的,班主任能做一名"哪里着火哪里灭火"的事后消防员固然是必要的,但是更要提前预设学生可能出现的问题,防患于未然,从而做好专业引领。

【案例】

做时间的主人

班级里频繁出现学生早晨迟到、作业交不齐现象。于是,李老师开展了一项小调查,发现许多学生长期陷于"今天的事情明天做"的恶性循环中,苦于寻找不到高效管理时间的方法。基于班级的共同问题,李老师设计了"做时间的主人"的主题教育课,以帮助学生认识到时间的重要性,从而能科学管理时间。

（李益超）

班主任要做有心人,善于从班级和学生的日常生活中挖掘主题教育课的内容与主题。陶行知先生说:"全部的课程包括全部的生活,一切课程都是生活,一切生活都是课程。"主题教育课的主题往往源于学生的学习与生活,班级日常中问题的呈现、主题活动的延伸和衍生,都能成为有价值的课题。

二、设计背景:教育起点,查症剖因

设计背景,即设计这节主题教育课的原因。首先,和主题班会课一样,主题教育课的背景分析也需要"上接天线"。班主任要认真学习党和国家、教育行政部门的重要文件,明确"培养什么人""怎样培养人""为谁培养人",确立"我为国家育英才"的使命感和责任感,根据相关政策文本思考自己能做什么,为什么做,怎么做。

【案例】

爱 国 教 育

针对当前高中生爱国观念淡薄、责任感缺失的情形,我紧抓社会主义核心价值观,以"爱国"为主题,意图用身边的爱国内容激发学生的兴趣,用个人生活中的爱国行为、细节增强学生的认同,使学生充分理解爱国就是做最好的自己,是一种具体的、与个人密切相关的概念,最终开展一次以"你就是中国"为核心的主题教育课。

针对课题,确立的背景分析如下。

爱国主义是中华民族的民族心、民族魂,是社会主义核心价值观的内容之一。《教育系统关于学习宣传贯彻落实〈新时代爱国主义教育实施纲要〉的工作方案》指出:"注重激发师生爱国情感,使爱国主义成为每个人心中的坚定信念和精神力量,引导师生把实现个人理想融入实现国家富强、民族振兴、人民幸福的伟大梦想之中,把爱国之情转化为报国之行。"

然而,在价值多元化、利益个体化的当今社会,由于爱国主义教育的形式过于陈旧,有部分还停留在假、大、空的层面,不但不能激发学生的兴趣与认同感,而且使爱国对许多青少年而言成了抽象的、崇高的、遥不可及的模糊概念,甚至是空洞的、乏味的标语与口号。高中阶段是三观形成的重要阶段,如果在这一阶段不能对爱国有一个正确的认识,就很容易在未来的人生道路上误入歧途,成为一个缺乏社会责任感与归属感的人。

(王祖康)

王老师紧扣教育部文件提出的要求,以社会主义核心价值观为抓手,明确学生应具备的品质。

同时,王老师也关注到班级学生爱国意识淡薄的普遍现象,以及这一现象背后爱国主义教育的形式过于陈旧的原因,有意识地创新内容和形式。由此可知,对于以"教育"为核心的主题教育课,班主任要认真研究学情,思考本学段学生的学情,发掘学生共同、普遍的问题,并且深入剖析原因,发现问题所在,这样才能使后期设计的主题教育课的内容和形式更具针对性与实效性。

三、设置目标:教育终点,以小见大

制定教育目标时,班主任要明确"为什么育人、育什么人、怎么育人",深入落实立德树人根本任务,引导学生形成正确的世界观、人生观和价值观。

如果说设计背景是这节课的教育起点,教育目标就是这节课的努力方向,即班主任希望通过这一节课或者一系列主题教育课所要达成的教育效果。设置教育目标时,可以关注以下三方面。

(一) 以小见大

教育目标的切入口要小,如果主题定得过大,内容往往就会比较空泛,达不到德育的目的。

比如,班主任小吴老师在执教以"法治"为主题的教育课时,设定的教育目标如下:(1)认识法律的重要性,了解法律的内涵;(2)增强学生的法治意识,提高学生分析判断、辨别是非的能力。

小吴老师设定的教育目标过于笼统,且把法律作为切入点,对学生而言太"高大上"了。不妨改为:(1)通过班规执行的讨论,自主规范学生在班级和学校中的一言一行,从而实现自治;(2)通过自主探究活动,提高学生分析判断、辨别是非的能力,培养学生知法守法的意识。

校园和班级作为学生之家,有其自身的规则。不妨把班规作为切入点,通过对班规执行的探讨,来达成培养学生遵纪守法,规范日常行为的目标。以小见大,从学生已有的经验入手,达成更深层次的教育目标,更容易贴近学生,更具教育成效。

(二) 聚点聚力

教育目标最好不要超过三个,全是重点就没有重点。加上一节课的时间有限,如果教育目标设置得很多又很全面,为了完成教育目标,课堂就可能会走马观花、流于形式。因此,在设计教育目标时,应当聚点聚力,切忌贪多贪全。

(三) 知行合一

班主任在制定教育目标时,目标之间必须具有逻辑性,由浅入深,由知到行,层层递进。既要让学生知其然,又要让学生知其所以然;既要让学生知道哪些可以做和哪些不能做,又要让学生知道怎么做和如何做。

【案例】

以"孝"为主题的教育课目标

1. 从不同层次和角度来认识孝顺父母的重要性,在具体生活中理解亲情、感悟亲情。

2. 通过真情体验,感悟亲情,激发感恩意识。

3. 学会用实际行动孝敬父母,把亲情回报付诸实践,养成孝顺父母、关爱他人的习惯,将感恩意识逐渐融入每一天的日常行为中,并能用感恩的心态努力学习,积极生活。

(冯　敏)

从冯老师的案例中不难看出,主题教育课中目标的设定要注重知识、情感、行为等方面。所谓"行之力则知愈进,知之深则行愈达",是指制定目标时,不仅要关注理论知识的重要性,还要让学生有情感上的体验,最后投入实践,知行合一,方见成效。

四、前期准备:关注经历,多方整合

要想上好一节主题教育课,前期准备一定要充分、完善、仔细,可以包含以下几点内容。

(一) 关注经历,贴近学情

贴近学情,包括贴近学生、贴近学段、贴近学校,以及对社会时代的深入了解。贴近学生包括把握学生的性格、特点、能力等,了解学生的困惑、迷茫和需求。课前,班主任可以通过问卷调查、个体访谈和家访等途径来掌握学生的基本情况。贴近学段是指班主任将不同学段学生的身心发展状况考虑在内。同时,了解学校的情况也是必不可少的,主题教育课可以结合学校的办学理念、文化特色等进行展开。保持与时俱进,了解社会时代对学生的影响也是班主任必备的素养。比如,信息化时代的跃进,导致新时代学生出现智能手机使用不当、网络暴力等问题。

(二)多方整合,资源共享

班主任应调动、整合多方力量,建立一个共享资源库。不仅可以充分利用学校的教师资源,如医务室老师可以辅助参与青春期性教育主题教育,心理老师可以辅助参与心理健康主题教育;还可以利用社会资源,如社区民警可以协助参与抵制校园暴力、法治普法等主题教育。其中,班主任尤其要充分利用珍贵的家长资源,家班共育,强强联手。

【案例】

法惩之于外,德始之于内

小刘老师在执教以"法治"为主题的教育课时,组织学生进行了一次模拟法庭演练,由有志从事法律职业的学生扮演审判长、审判员、原告、被告及代理律师,以法庭庭审次序进行模拟,双方援引法律条款并进行举证、质证。

课前,她特邀了这一领域的家长参与其中,由上海市金山区人民法院民事审判法官助理金妈妈担任评委,做最后环节的点评及指导。特邀家长参与,既提升了家长对学生活动的参与度,也让此次模拟活动更加真实,更加贴近学生的生活。

另外,部分家长资源非常独特,班主任不仅要充分运用,还可与家长建立长期联系。如表3-4所示,以高中某班的家长资源为例。

表3-4 家长资源表

家长资源	职业	相关主题
金哥哥	中国极地研究中心(中国极地研究所)机械师	极地科考与极地科普(生涯规划)
姜爸爸	消防员	"小小男子汉"教育
金妈妈	法官助理	法治教育
陈妈妈、陆妈妈	生态园、古镇工作者	家乡文化
李爸爸	茶叶店个体经营者	传统茶艺文化

(刘思薇)

（三）合理安排，客观准备

首先是活动区域的安排，包括教室桌椅的摆放等。如果设计了游戏或是模拟体验，要预先留出足够空间给学生活动等，可全班围坐成环形。

其次是学生的分组。如果活动设计中需要以小组形式进行，则要根据人数或活动内容提前将学生分成若干小组，便于学生讨论和交流。

再次是多媒体的筹备，包括PPT的制作、视频的剪辑等。

五、实施过程：学生主体，教师主导

主题教育课的实施过程可按照以下环节设计，然而教无定法，这也只是参考而已。无论形式如何多变，班主任要记住一点，主题教育课的核心一定是"以学生为主体，班主任为主导"。

（一）生动导入，触动心灵

好的导入往往能一下子抓住学生的心，而一些生搬硬套的导入则可能会导致学生从一开始就直接失去对整节课的兴趣。比如，以下这节课的主题是"我的未来我做主"，目的在于对高三学生进行有效的生涯规划指导。

【案例】

"我的未来我做主"主题课的导入语

如果你不知道要到哪儿去，通常你哪儿也去不了。我们的生活是忙碌的，忙碌中又往往充满了迷茫。向左走，向右走？这时，我们确实需要停下来，做好准备后再前进，也许会收到事半功倍的效果。人生之旅由选定方向开始，你是否为你的将来做好了选择？

（邱路卫）

很多班主任喜欢用名人名言作为导入，这样固然贴合主题，但不免过于老套，且说教的味道过重，有"填鸭式"教育的嫌疑。

班主任在设计导入时，不妨试试以下几种方式。

1. 利用身边资源

同样是给高三学生的一节生涯规划指导课，马老师通过播放学长学姐录制的视频,利用"同是过来人"的优势,一下子拉近了学生和理想大学之间的距离。

【案例】

圆 梦 教 育

播放视频《我在大学等你——送给即将参加高考的华三学子》。这段视频是2009—2013届学长学姐在毕业后制作的。他们在大学里回忆着自己度过的高中生活,介绍各自在大学阶段的所见所闻,鼓励本届高三学子努力拼搏,祝愿高三学子在高考中取得佳绩。

教师导入:在刚才的视频中,我们看到了许多已毕业的学长学姐。他们在毕业后自发地制作了这段视频,为我们加油鼓劲。他们现在所处的大学也正是一些同学的理想学校。比如,徐同学、张同学一直想考取的华东师范大学(投影华师大校徽),想成为老师的王同学、邵同学、高同学、杨同学一直想进入的上海师范大学(投影上师大校徽),还有冯同学、胡同学想进入的华东理工大学(投影华理校徽),张同学、汤同学想进入的东华大学(投影东华校徽)。此外,还有一些同学立志成为医生,比如,夏同学想进入的上海中医药大学(投影上中医校徽),班长朱同学想进入的上海交通大学医学院(投影交大校徽)。

尽管有时我们的梦想会被别人嘲笑,甚至自己都在怀疑自己的能力,但我相信每位同学在内心深处都有一份执着、一份坚持。我们都有自己的梦想,今时今日,坚持到此刻,就是为了圆梦(投影所有校徽)。

(马 赟)

无论是学长学姐的视频,还是马老师投屏的校徽,都为此次主题教育课的开展营造了一种既温馨又热血的氛围,甚至成为本节课的一个小高潮,勾起学生对大学和未来的无限遐想,更利于后续环节的推进。

2. 再现真实情景

细心的班主任可以把学生或班级出现的真实情况作为情境导入,因为这样的情景再现贴近学生的生活,更容易勾起学生参与的兴趣,让学生有话可说、有话想说,而不至于游离于课堂之外。

比如,高一(8)班成立两个月以来,班级凝聚力逐步提升。班级学生的个人能力较为出众,部分学生的表现欲很强,在课堂上能与教师积极互动。但时常出现因学生自我表现突出而扰乱课堂秩序的行为,甚至导致任课教师无法正常授课。基于以上问题,马老师设计了"班规与成长伴我同行"的主题教育课。

【案例】

班规与成长伴我同行

昨天,高一(8)班的师生共同拟定了新的班规。上课时应遵守课堂秩序,不应出现以下行为:(1)大声喧哗,干扰老师上课;(2)吃零食;(3)做其他学科作业;(4)睡觉;(5)唱歌;(6)其他扰乱课堂秩序的行为。

这时,小A同学大声地表达不满:"制定这样的班规是'自寻死路'啊!"

请同学们思考并回答:(1)你怎么理解"自寻死路"?(2)你如何看待他的想法?

(马 赟)

马老师针对班级中部分学生失之偏颇的想法提出讨论,这样的导入既能引出话题,又能通过讨论来以学生教育学生。

情景再现除了可以运用文字描述外,还可以运用照片、视频、表情包等形式。由于现在的学生是00后、10后,有时合理使用表情包,能达到事半功倍的效果。比如,一节主题为"我的时间管理"的教育课,可以运用表情包再现学生早晨"迟到"的有趣场景。

(二) 启发引导,生成对话

主题教育课也被称为"主题谈话课",即师生之间对话的课堂,学生是否参与是课堂的关键,因此教师要做好启发工作,积极引导学生参与对话,甚至占据话语的主导权。

【案例】

伸出友善之手

教师说:"你们对友善了解得真不少。刘老师自己班上也有两位小朋友发生了一些状况,如果他俩是你们的同学,你们会怎么做?"

出示图1:杨杨因为跑步摔伤了。

出示图 2：小雨心爱的水杯掉在地上碎了，她伤心地哭了起来。

组织学生进行讨论和个别交流反馈。

教师总结："原来，一个微笑、一句真诚的问候、一个暖心的举动等，都是友善的表现（出示板书）。"

（刘思薇）

这样的环节在日常的主题教育课中十分常见。从案例中可知，刘老师不仅设计了情境，还安排了讨论和交流。这样的一节课真的会让学生对"善"有更透彻的领悟，真的能促进学生"行善"吗？学生在听到"如果他俩是你们的同学，你们会怎么做"这个问题时，其实心里已经有了答案。但是，这个答案是教师想要的，却不一定是学生内心真实的想法，这样的对话是"伪对话"。他们从小到大一直被教育要追求"真善美"，尤其是在一些公开课上，更是任何负面的内容都不会出现。黑格尔说："在纯粹光明中就像在纯粹黑暗中一样，看不清什么东西。"越是"纯粹正面"的内容，留给师生对话的余地越少，学生往往也难有真正的感悟。

1. 循循善诱

学生愿意说话，班主任的启发和引导非常重要。初任班主任也许无法做到对课堂生成的内容游刃有余，不妨多设计一条问题链，环环相扣，让学生能发表自己的见解。问题的设置要集中而精确，问题与问题之间要有连贯性和逻辑性。

【案例】
班规与自律伴我成长

1. 情境展示：昨天，我们拟定了新的班规，然而小 A 同学觉得制定这样的班规是"自寻死路"。思考并回答：(1)你怎么理解"自寻死路"？(2)你如何看待他的想法？

2. 小组讨论：我们的班规应该怎么执行。

从以下两个角度提出建议：(1)执行者是谁？执行者是否守法？执行者是否受监督？(2)执行的方式是处罚还是教育？

3. 展示图片：高一(8)班班规、华东师范大学第三附属中学学生手册（校规）、《中小学生守则》。思考并回答：(1)班级还有必要制定班规吗？(2)遵守班规的同时，为什么还要遵守《中小学生守则》与校规？

（马　赟）

马老师一个问题接一个问题,逐步深入地引导学生针对班规开展讨论,明确遵守班规和遵守校规、《中小学生守则》是不矛盾的,并针对班级中部分学生不合适的想法提出讨论,引导学生进一步认识制定班规的意义。最后,从班规执行的角度广泛听取学生的意见,使班规执行小组明确自己的身份及职责,把班规用得更好。环环相扣,逻辑缜密,引导学生的思维在不断追问与反思中一步步深入并升华。

2. 生成对话

生成对话的前提往往是矛盾和冲突,班主任在设计情境时可以适当加入认知冲突或情感冲突,这样能使学生陷入道德两难的困境中,让学生更有表达的欲望,从而使学生在原有的认知基础上有所感悟和提升。

【案例】

遇到两难困境时,你会怎么做

依次展示一条新闻的不同版本,请学生分组讨论,并即时交流此时的想法。

版本一:一名网约车司机连闯三个红灯,扣18分。

版本二:一名网约车司机连闯三个红灯,扣18分,而警方却取消了对他的处罚。

版本三:为了救一名突发疾病的婴儿,一名网约车司机连闯三个红灯,扣18分。最后,警方取消了对他的处罚。

版本四:为了救一名突发疾病的婴儿,一名网约车司机连闯三个红灯,扣18分。警方取消了对他的处罚,但婴儿家属却拒绝为他作证。

版本五:为了救一名突发疾病的婴儿,一名网约车司机连闯三个红灯,扣18分。警方取消了对他的处罚,但婴儿家属却拒绝为他作证。原来,医院当时给网约车司机的联系方式并非当事乘客的,而是与当事乘客同时段入院且情况基本相似的其他病人的联系方式,导致出现误解。

最后,请学生思考:在这个过程中,你的态度随之发生过变化吗?请发生了五次变化的同学和从未发生变化的同学各自发言,说说自己的看法和立场。

(刘思薇)

一条平平无奇的社会新闻,却因为信息设置的不同而几经反转。经过这样的认知冲突后,学生们彼此分享了此时此刻的内心感受,才会真正反思个人行为,才会真正实现感性与理性的融合,才能做出正确的价值判断和价值选择。

3. 双方(多方)辩论

生成对话的另外一个有效方式是设置辩论,辩论其实也是矛盾冲突的一种。教师先设置辩题,然后放手让学生自由发挥,既可以是正反两方辩论,也可以是自由辩论。不必拘于形式,但务必要让学生说真话。

【案例】

人工智能是否能替代劳动力

本次辩论赛的辩题是:人工智能是否能替代劳动力?其中,正方的观点是人工智能会替代劳动力,反方的观点的人工智能不会替代劳动力。

通过激烈的辩论后,学生们认识到人工智能确实可以替代一些劳动力,以减少人力成本,提高生产效率,降低错误率。但是人工智能并不能完全替代劳动力,因为人类的思维和创造力是人工智能所不能比拟的。

(何逸莹)

在辩论环节中,学生对科技发展的必然趋势和科技发展对劳动的影响等进行了思考,同时,进一步思考了劳动的意义和价值。

(三) 丰富活动,加深体验

虽然主题教育课不像班会课那样形式丰富,但是适当补充活动,能调动学生的积极性,从而有效地达到教育目的。由于上一话题中已对活动形式作了介绍,这里只针对主题教育课作简单补充。

1. 模拟促体验

一节主题教育课后,学生不仅要有认知和了解,还要有感受和体验。活动引领、情境创设、师生合作和自主探究等环节,能提高学生的自信心和综合能力。

刘老师曾在班级中模拟了"招聘大会",先利用调查问卷统计出班级学生倾心的热门职业,再针对这些职业进行设计,并策划了一场招聘会。天文学家、网络游戏设计师、记者、网红、摄影师、导游、作家……刘老师将学生分为两大阵营:一大阵营作为面试官,设计招聘要求和条件,并进行现场提问、面试;另一大阵营则作为应聘者,感受来自面试官的"灵魂拷问"。

"剑3"在招募游戏设计师,不仅要有扎实的计算机技术,还要对网游有所了解,并能进行创新设计。导游不仅要有丰富的地理历史知识,还要有不怕苦、不嫌烦的敬业精神,良好的亲和力,幽默的语言,应急处理能力……情境招聘会的过程是体验的过程,是学生认识自我、走近职业的过程。现场是模拟的,但感受是真切的。在这个过程中,学生会更加深入地审视自己未来想去的方向。

【案例】

面试官阵营:设计海报

假如你是公司(单位)主管或领导者,准备招聘一名员工,请以小组合作的形式拟出招聘要求和条件。

1. 各组自行设置一个公司(单位)或模拟一场大型活动。

2. 从调查问卷结果中选择一个需要招聘的职位,互不重复。

3. 以海报的形式展示出招聘职位的条件和要求。

表3-5 应聘者阵营:我的职业招聘记录

我所应聘的职位	我所具备的技能	该职位所需的技能	应聘专家小组	交流内容
收获体会		未来计划		

（刘思薇）

2. 活动促行动

主题教育课中的活动往往是为了帮助学生完成从知识的获取、情感的体验到真正的实践的过程,由知到行,知行合一,同时也是为了帮助教师进行主题的升华。

【案例】

画 冬 至

1. 介绍九九消寒图:(1)画九——铜钱、梅花;(2)写九。

2.请学生开启脑洞,发挥创意,为今年冬至日独家定制一款"九九消寒图"。

设计要求:(1)小组合作;(2)各组用简要文字交流本组作品寄予的美好愿景。

（陈　旸）

陈老师设计了"画九""写九"等环节,带着学生真正走进冬至这个不为人熟知的传统节日。学生通过亲身实践和介绍作品寄寓的美好愿景,真正懂得冬至这个传统节日背后蕴含的文化内涵是"雅俗一体"的审美情趣。

(四) 任务驱动,知行合一

张鲁川老师曾说过:"一次主题班会只要给学生提供了体验的机会,能激发他们对某一道德问题进行思考,能使他们有那么一点感动、感悟,就可以说达到了目的。毕竟,道德需要用一辈子的时间来学。"一节主题教育课只有三四十分钟,能达成的教育目标也许微乎其微,所以班主任更应该重视"后班会行为",充分利用后续的教育行为来巩固本节课的教育效果。

1. 活动延续

课上无法完成的一些耗时耗力的活动往往可以放在课后,由学生自行完成,以此作为课堂的延续和升华。

【案例】

这场疫情让我收获了什么

以小组为单位完成一篇课后小论文,在下一课时以 PPT、Word 或视频的形式进行汇报。

主题:牺牲,要有所得,才有价值。在此次疫情中,我们以生命为代价换来了哪些经验与教训? 请你从自身出发,选择一个点谈谈你的所"得"。

推荐小主题方向如下:(1)如何在谣言漫天中保持自己的独立思考和清醒判断? (2)面对澳大利亚山火、非洲蝗灾、新冠疫情,人类要如何与自然和谐相处? (3)如何看待"风月同天"与"武汉加油"? 你更认可哪一种方式的鼓励? (也可自行思考确定小主题)

（刘思薇）

2. 序列化主题教育课

一些资深班主任可以根据学生在不同学段的特点和身心发展规律,制定序列化主题教育课的目标和内容,这样的主题教育课更具针对性。对初任班主任而言,这样的任务还过于艰难,不过可以有意识地积累素材和经验。

小贴士:

- 选择的主题要"近""小""亲""实"。
- 选择的内容要符合学生的思维水平,具有讨论空间。
- 设计的环节要具有连贯性、逻辑性和推进性。

思考题

班级学生最近对值日工作十分消极怠工,甚至有不少学生认为"打扫是保洁人员做的事,我只要好好学习就行了"。请你针对上述情况,开展一节主题教育课。

(华东师范大学第三附属中学　刘思薇)

Part 4

善于协调各种关系

话题 10　与学生做朋友

 问题导引

班主任应如何和学生建立良好的师生关系？

良好的师生关系既是顺利完成教学任务的必要手段,也是师生在教育教学活动中价值和生命意义的具体体现。

班主任与学生之间究竟有哪些主要关系类型？什么样的关系才是最为良性的、健康的？师生沟通的技巧有哪些？遇到问题学生时,有哪些有效的转变策略？如何正确看待与认识学生常见的心理问题,并找到合适的解决方法？这些问题都可在本话题中找到答案。

一、师生关系的基本类型

师生关系是指教师和学生在教育教学活动中结成的相互关系,包括彼此所处的地位、作用,相互对待的态度等。它既是教育活动过程中最基本、最重要的人际关系,也是教师和学生通过教与学的交流活动形成的多层次关系体系。

【案例】

灰心的小花

从小担任班干部和课代表的小花刚转学来一个新集体,在一次比赛活动中,自告奋勇地想要为班级出谋划策,不料被班主任泼了冷水。其他同学对此也毫无积极性。班主任表示只需要关注学业,不应为活动分心。从此,小花变得沉默寡言,对集体活动不再关心,成绩也开始走下坡路,表露出对新集体和新班主任的排斥与不悦。

（严励昕）

案例中的现象正是由师生关系不良导致的,小花的学习积极性因此被削弱。同时,该班集体中的学生也没有得到班主任的充分尊重和理解,出现了性格品质培养受影响、班级凝聚力建设不足等问题。

由此可见,师生关系对教育的影响极其重要。要想成为一名合格的班主任和出色的教育者,必须重视和学生建立良好的师生关系,运用这种特有的人际关系做好教学工作。在师生关系中,有哪些基本类型?

（一）专制型师生关系

专制型师生关系以命令、权威、疏远为特征。教师采取较为专制的作风,担负全部责任,计划班级学习活动,安排学习情境,指导学习方法,控制学生行为,密切监督学生举动,且要求往往较严格、苛刻。

学生大多没有自由,只需服从并听取教师的命令和要求,对教师也往往敬而远之,容易出现屈服、依赖、易怒、推卸责任等问题。这类师生关系既不利于学生综合素质的发展,也不利于学生团队合作、自主管理等能力的培养。学生的成绩虽然较好,但性格、品质、能力方面易出现问题,且班主任一离开便容易松散、放纵。

（二）放任型师生关系

放任型师生关系以无序、随意、放纵为特征。教师采取放任的形式,不控制学生行为,不负实际责任,不指导学习方法,不重视思想教育,对学生没有要求,给予学生充分甚至过分的自由,各行其是。

课堂氛围往往较为冷漠、松散,学生学习成绩不好,纪律意识差,良好的品质、美德难以树立,集体观念薄弱,注意力不集中,不懂得团结合作,缺乏成长目标和价值观指导。

（三）民主型师生关系

民主型师生关系以开放、平等、互助为特征。教师以民主的方式从事教学活动和建设班集体,重视集体的作用,强调双向交流互动,与学生协商、讨论计划,尊重学生的想法和需求,帮助学生完成目标的设定,指引学生对照目标进行学习和自主管理。

处于这种关系中的学生往往学习成绩较好,性格品质也较健康阳光。即使班主任不在时,班级也能处于一种较有纪律、能合作解决问题的境况,班风、学风往往团结和谐、活跃愉快,同学之间乐于合作,是一种理想的师生关系类型。

良好的师生关系究竟应该具备哪些特征?第一,尊师爱生,营造良好的学习育人氛围。第二,民主平等,促进每一个学生健康成长。第三,主动沟通,建立紧密融洽的合作关系。

二、师生沟通的四个技巧

人们常说,教师是人类灵魂工程师,班主任更是灵魂工程师中的最集大成者。灵魂的触动与影响关键在于师生沟通,若是师生沟通不得法、不科学、不重视,将会搅乱教学和教育管理,破坏师生关系。

好的师生沟通不仅能化解危机,维护班级管理的秩序,赢得尊重与信任,还能改变学生的成长,塑造学生的健康人格。

"亲其师,信其道"便是师生沟通最好的诠释。班主任如何深入学生内心深处开展工作,如何有效开展教学管理,并对学生予以正向引导?

(一)"你和我是自己人"——共情与尊重

师生沟通的目的是解决问题,激发成长的动力,增进彼此的感情和互信。如何提高沟通的有效性?如何把话真正说到学生的心坎儿里?最大的基础和前提是共情与尊重。

每个人的内心都有渴望被理解的需求,而未成年学生处于价值观尚未形成或正在形成的过程中,无疑会面对多种成长的体验,有苦有甜,有笑有泪,有辛酸有无奈,有叛逆有疯狂,会犯错会困惑,会幼稚会成熟,但这正是教育的意义所在。教师作为受过专业教育培训的成年人,不应居高临下地看待学生的行为和心理,而应将他们看作一个个独立的、正在不断完善的生命个体。毕竟谁的青春不迷茫,谁的年少不轻狂。

学生成长离不开教师的关心和陪伴。只有遵循共情与尊重的原则,学生才会卸下防备,敞开心扉,沟通才不会偏离轨道,才会呈现其积极价值。

共情,即同理心,就是一种对他人心理活动和行为表现产生感同身受的能力与态度。班主任要能站在学生的立场上看待问题,想其所想。尊重就是教师对学生看待和处理问题的基本信任,明确其行为背后的隐藏动机。良好的共情与尊重能让师生充满理解和接纳,建立信任与友爱的关系。

【案例】

合 唱 风 波

我说:"佳佳,你先想一想整件事的来龙去脉,然后具体说给老师听,好吗?"

佳佳说:"好的。今天我在合唱彩排中没有配合班级的进度,反而情绪失控,一直沉浸在自己的世界里哭个不停,在地上撒泼打滚,还发脾气,打了小徐同学,让全年级都看到了,闹了笑话。"

我问:"你为什么哭成那样呢?我想一定有原因,老师知道你是个懂事的孩子,不会无缘无故发脾气。"

佳佳回答:"是因为排练的时候小徐记错了站位,总是推推搡搡地挤我的位置,影响了表演。我心想他这样故意使坏会影响全班的彩排,而且他在平时的课堂上也经常影响身边的同学学习,于是我就开始冒火了。"

我问:"哦,原来是这样啊。后来,音乐老师有没有指出正确的站位呢?"

佳佳说:"有,其实是我记错位置了,还误以为小徐一直故意挤我的位置。我想这么重要的排练千万不能出错,又不敢在排练中直接指出来,就想挤回去让他意识到错误,结果在你来我往中就差点扭打起来……"

我说:"原来你已经知道问题所在了。老师欣慰的是,佳佳是个很有集体荣誉感的男孩子,还想要纠正小徐的行为,觉得合唱排练对班级来说很重要。对不对?只是最后因为一点小插曲和小误会,情绪失控了,最后造成了难堪的局面。"

佳佳说:"是的,老师。"

我说:"老师知道小徐在平时学习中纪律不太好。但就事论事,这次小徐在你用力推他的时候有没有还手呢?"

佳佳说:"并没有,我推了他之后,他也没有回击。"

我问:"哦,你觉得他之前是不是有心要往你的身上挤呢?下次如果再遇到类似自己不理解的同伴的举动时,该怎么办呢?"

佳佳说:"他应该不是故意的。我想我会先控制自己的情绪,等排练结束后,再给他指出自己不明白的地方,和他沟通清楚。"

我说:"没错。既然你已经意识到冲动发脾气容易坏事,老师相信你的出发点是为了集体,以后不会再犯同样的错误。你和小徐好好谈谈好吗?"

佳佳说:"好的,谢谢老师的理解。"

(严励昕)

案例中的教师通过共情与尊重的原则,有效地解决了学生情绪失控后的反省与归因问题。从中我们可以学到以下几点。

学会专注聆听学生的心声,明确学生的诉求、情绪和动机。这个学生事实上是在乱发脾气,通常情况下很多班主任会训斥或批评,因为他不仅情绪失控,破坏了班级秩序,还在不分青红皂白的情况下就臆想同伴的错误而主动出手。然而,这名班主任在认清事实前没有选择大发雷霆,而是耐心倾听学生自行还原事件,了解行为背后的动机,从而找准方向,对症下药,予以教育。

客观回应并引导学生正确表达、冷静梳理事件的原委。在沟通过程中,这名班主任更多注重的是引导学生把事情正确表述清楚,而不是急于表达自己的态度与看法。

平等交流,顾及学生的自尊,公平、公正地分析问题。在学生意识到自己的问题后,班主任没有不依不饶地追着长篇大论,讲大道理,而是抓住学生"维护班级荣誉感"的优点和善意,并予以肯定,也明确了这个学生的问题所在是情绪失控,太过冲动。同时,丝毫没有偏心地认定平时表现不佳的小徐或是这次事件表现欠妥的佳佳应该接受过度惩罚。可以看出,这名班主任面对两个不那么"安分守己"的孩子时,公平地就事论事,间接地散发出一个价值观的信号,即"每个人都会犯错,不能偏见待人。犯不犯错不是评判一个孩子好与坏的标准,关键在于从错误中吸取了怎样的教训,获得了怎样的成长"。

以理服人,以情动人,让学生感受到教师是自己人。班主任在沟通中通过引导,让佳佳意识到自己的问题,也不断接收到"相信你""欣慰""没错""好吗"这一类字眼,这让沟通变得有血有肉有温度,让孩子真切感受到教师是尊重并理解自己的。

【案例】

一 封 情 书

一名班主任在周记中读到某男生洋洋洒洒地写给班级某女生的情书,表露出最近喜欢上了班中的某女生,喜欢得情不自己,总忍不住观察她,说自己无心专注学习,总是克制不住想要和她说话,满脑子都是她。这名男生毫不避讳地在结尾处向班主任求助:老师,您说我该怎么办? 我想找您谈谈。

(严励昕)

如果你是这名班主任,会如何与这个学生进行沟通呢?

教师A:先在批阅周记时留言——谢谢你把老师当成自己人,坦露心迹,下周我找时间与你当面交流。通过一周时间,全面观察这个学生平时学习与生活的一举一动,记录下他的变化和对心仪女生的反应。一周后当面与他沟通时,告诉他爱慕与欣赏实属正常,指出面对自己的情感该如何应对的恰当方法,并给予他一些摆脱目前心乱如麻状态的实用建议。

教师B:写了一封名叫《少年心事知多少》的信件,用信封包好,悄悄传给该学生。信中阐明产生这种情愫的普遍性,给予正确与异性交往相处的建议。比如,学会欣赏异性,科学地表达现阶段最理想的选择是将这份情感埋藏在内心,强化爱情需要承担的意识,并将其化作努力变优秀的动力。信中还推荐了讲述少年情愫的书籍和电影,期待该学生产生共鸣与进行自我学习。

教师C:及时找该学生面谈,因为尚处于萌芽状态的爱慕最需要正确的指引。比如,询问他面临的主要困惑和不安,探讨他心仪女生身上优秀的特质,像朋友一样讲述自身在校园生活中类似的亲身经历,如发生在身边的学长学姐因早恋而一蹶不振的故事,以及因爱慕而互相鼓励,双双进入理想学府,最终牵手的佳话。用真实故事给予启发与参考,予以积极正面的宽慰与引导。

(二)"你做得真棒"和"相信你会改正的"——表扬与批评

都说"良言一句三冬暖,恶语伤人六月寒",如今人们越来越认识到表扬在教育中的重要地位。

表扬就是教师对学生良好表现予以肯定、鼓励与赞美,它会让学生产生积极情绪,提升自信,得到内在价值的驱动,不断向善,充满希望。比如,夸奖一个帮助值日的学生乐于助人,劳动能力强,他就会放大自身助人为乐和爱劳动的特点,并持续下去。久而久之,他就会朝着你夸赞的方向不断进步,成为与之相匹配的好孩子。

然而,不是所有的表扬都能达到事半功倍的效果。如何夸在点上,夸得深入人心,是需要认真总结和思考的学问。

批评就是当学生发生不当行为或犯错时,教师提出正确的意见和建议,从而引导学生改正言行。批评不是毫无作用的说教,也不是单纯地责备、警告、辱骂或惩罚,而应以帮助学生匡正言行,形成正确的价值观为目的。因此,批评也是教师关心教育学生的一种行为。

作为班主任,如何有效表扬与批评,是一种需要学习的智慧。

1. 你的表扬是否有效

说话含沙射影,褒一贬三。这样看似表扬,却如同浇了一盆冷水一般,让学生大为扫兴。他们会疑惑,老师怎么就看不到他们的拼搏,难道不是实至名归吗。这样的表扬会打消学生的积极性,让学生感到教师并非发自内心,甚至扼杀努力和汗水的意义。久而久之,学生会认为教师要求过高,总是难以满足,变得消极绝望。

【案例】

打击式的"表扬"

学生说:"太激动啦,我们班这次运动会是年级第一呢!"

班主任说:"哟!还真是第一,真是千年难遇。"

学生说:"的确很出人意料,因为咱们班那几个田径高手最终力挽狂澜,可都是拼尽全力为班级争得荣誉!"

班主任说:"不错,有进步。那两个长跑怎么才拿了第二、三名?这次是不是因为隔壁的常胜班级有几个种子选手受伤了才被我们捡漏拿了冠军?"

(严励昕)

没有针对性的表扬,久之无意。长期用"你真棒""你已经很好"之类的话语表扬学生,学生会渐渐失去自信,认为老师的夸奖有些敷衍。可能教师不知道学生到底好在哪里,哪些言行与品质值得继续秉持。因此,对学生的表扬要做到总结到位,有针对性,这样才能让学生在某一个行为或正确的方向上持续努力走下去,从而取得长足的进步。

【案例】

慢慢来,我相信你

学生说:"哎,我这次语文又不及格!"

班主任说:"虽然不及格,可你已经从之前的二三十分到现在的 57 分,这可是质的飞跃,距离及格线只差 3 分了,年级名次上升了 80 多名!"

学生说:"我觉得自己很努力了……"

班主任说:"老师观察到你的作文字迹比以往更工整了,字数也增加了,课内背诵默写部分也因为这段时间的努力而提高了很多分,这些都是你努力的结果。相对欠缺的是,你的文言文和现代文阅读还不够理想。孩子,慢慢来,只要你继续努力,下一次语文考试,老师相信你一定能及格!"

(严励昕)

一味地表扬学生聪明,容易误导。美国心理学家德韦克曾经做过一个关于表扬对学生的影响的著名实验,实验结果表明,那些被表扬努力的学生经过四轮测试取得了进步,而被表扬聪明的学生则呈现退步的趋势。表扬学生努力勤奋,会使学生有一种"命运掌握在自己手里"的潜意识,认为个人的得失成败与自己的努力有关,而表扬学生聪明的效果却适得其反,因为他们在面对挫折时,往往会选择放弃或手足无措,仅仅简单地将成败归因于自己的智力因素。另外,表扬学生聪明还会造成一种规避风险和避免出丑的言下之意,被夸聪明的学生往往不敢冒险,为了让自己永远看起来"聪明"。

因此,在"聪明"和"努力"之间,班主任应更强调后者,用"你一定非常努力,所以你表现得这么出色"来取代"你一定很有天赋,真聪明"这样的语言,做到真正激发学生的内在驱动力,从而在擅长的领域愈发积极。

真正有效的表扬要做到以下几点:(1)具体描述好行为,巩固激励,抓住闪光点,富有针对性;(2)重视过程胜于结果,重视个体的进步而非盲目比较;(3)多表达美好感受,多夸赞勤奋努力,少夸赞聪明。

2. 如何拿捏批评的尺度

一个孩子的成长阶段就是不断犯错和改正的过程,因此,孩子犯错并不可怕,怕的就是作为教育者,如何拥有正确对待犯错并加以引导的态度和方法。因此,要告诉孩子:"将错误化作财富,将改正作为勇气!"《世说新语》中有一个少年,名叫周处,年轻时凶强侠气,为害乡里,最终幡然醒悟,改过自新,终为忠臣,他遇到的就是循循善诱的陆云。

表4-1 不当的批评方式和示例

不当的批评方式	示例
当众命令和讥讽	"现在马上给我去办公室补作业!" "怎么又是你迟到?家里的床睡得这么舒服就回家吧,何必来学校受折磨。"

（续表）

不当的批评方式	示例
警告和威胁	"再让我看到一次,罚你做一周的值日生!" "还不反省自己,成绩都退成什么样了? 再这么下去,你什么大学也考不上,到时候工作也找不到,成天在家打游戏、啃老,就过这样的日子吧!"
啰唆和比较	"我都说了多少次了,你看看你的课桌,一堆书乱放,上什么课就放什么书,为什么就是听不进去,桌上堆得跟垃圾场一样……" "看看人家班长,作业写得端端正正,一张试卷干干净净全是勾。你呢? 试卷上的洞洞是什么? 才考几分? 都是大叉!"

以上这些批评对学生心灵的危害较大,因此,教师在日常德育工作中应尽量避免。缺少对学生的理解、尊重,缺乏耐心和包容的批评,不仅难以使学生在行为上有所改正,反而会激起其叛逆和消极的心理,使其产生不信任感。

因此,教师在批评教育中应注意以下几点:(1)避免公开批评,善于客观描述错误的事实,指出问题所在;(2)阐明改正的方法,即该做什么,而非一味指责;(3)流露感受,产生共情,欲扬先抑,保护学生的自尊心。

【案例】

站着吃午餐的男孩

班主任说:"中午用餐时,我看到你站在走廊里吃饭,老师很担心。得知你吃得满地都是汤和油污,我心里又有些生气。担心你站着吃饭太快不消化,又生气你把教室外的地板弄脏后自己也没清理,最后让送饭的老爷爷收拾,这点似乎不是一个懂事负责、有集体荣誉的孩子的所作所为。老师想给你一个改过的机会,你看那位老爷爷不仅要辛苦地送餐,还要弯腰清理你洒出的汤和油污。你应该先拿劳动工具去收拾自己造成的地板污渍,然后向老爷爷表示道歉和感谢,也要感谢他不但没责怪你,而且选择直接默默地帮你打扫干净。除此以外,请你回到自己的座位上吃剩下的午餐,注意卫生,细嚼慢咽。你可以做到吗?"

（严励昕）

(三)"孩子,你可以慢慢来"——耐心与关爱

苏联教育家马卡连柯曾说:"爱是教育的基础,没有爱就没有教育。"中国近代

教育家夏丏尊说："教育不能没有感情，没有爱的教育，就如同池塘里没有水一样，不称其为池塘。没有情感，没有爱，也就没有教育。"爱学生，无疑是衡量教师合格与否的必要标准和条件。

如今的学生生活在物质丰富、科技发达、瞬息万变的年代，新的教育问题正在给孩子、家长、教师和社会以巨大考验，班主任更是焦虑与茫然。然而，无论时代如何变迁，问题如何频发，"爱"是教育唯一的答案，也是唯一的出路。爱学生才能让学生"亲其师，信其道"，这个道理亘古不变。

对成长中的学生而言，每个阶段都需要时间的历练，没有完美的人，没有一出生就完善的人格。即使在改正的道路上，也可能经历反复，甚至顽固倒退。因此，教育的过程除了倾注爱外，还需要耐心、点点滴滴、充满关爱地育人，这样也许无法及时奏效，但随着时间的推移，必有回响，影响孩子一生。

【案例】

文身少年

对于这个文身、烫头、抽烟、逃课的叛逆少年，老师们都拿他没辙，班主任却责无旁贷，和他展开了一场"持久战"，每天放学谈心十分钟。

一周、两周过去了，这个男孩翻着白眼、抖着腿，就是一言不发，满脸"你也拿我没辙"的态度。班主任并没有生气，而是静静地陪他，和他唠唠家常，哪怕是他自己在唱独角戏。

终于有一天，这个男孩忍不住开口："老师，你留我也没用，反正没人管我，你也别管我，留着我，你回家也晚，何必呢！"班主任平和地回应道："原来你还知道心疼老师，谢谢你的关心。我没事，回家有饭吃。你怎么说没人管你呢？你平时都怎么来学校的？早饭和晚饭都吃的什么？是爸爸还是妈妈在家做饭？"谁知道平淡无奇的一句话，竟然让他突然号啕大哭并说道："爸爸有了新女朋友，妈妈早就在我小学的时候离开了家。我每天都拿着爸爸给的 50 元去便利店买早饭和晚饭，没人给我做饭！呜——"班主任拍了拍他的头，安慰哭泣的他。

从这以后，班主任早上来到教室时总是多拿一个热腾腾的包子，看到他没吃早饭或者正在啃冰冷的面包时就走过去把包子递给他，放学后的十分钟谈话也总是先让他吃点小零食再开始。还有几次见天色已晚，班主任还亲自护送他回家。

又过了一周，班主任发现少年手臂上的文身不见了，一块红红的印子像是刚洗掉的痕迹。他给班主任递了张小纸条："谢谢老师的关心,我不想再干对不起你的事了,请你原谅我!"班主任很感动,任课教师们纷纷好奇班主任是怎么改变这个少年的,她却说了一句:"哪有什么技巧,是因为我真的很爱我的学生,他也感受到了吧⋯⋯"

(严励昕)

如何让孩子感受到你的关爱,上述案例中的班主任做到了真挚关切,细致观察,无私付出,最终打动了学生,让一个叛逆少年流露出真情,说出了实话,也赢得了他的信任。

因此,班主任应在学习生活中的方方面面学会观察、聆听、陪伴、共情、理解学生,这既是建立师生信任关系的基础,也是让学生感受爱的重要途径。但仅仅有爱心仍不够,还需要用耐心来悉心守护成长中的学生的心灵,让学生慢慢地领悟、慢慢地转变、慢慢地懂事。如何在师生沟通中展现这份关爱与耐心,聆听的技巧显得尤为关键。

聆听的秘诀如下:第一,亲和、积极地聆听学生的心声(观察肢体语言),捕捉关键信息,进行眼神交流;第二,使用肢体语言,对话中时不时地给予真诚的回应;第三,尽可能不打断学生的表述和流露,可适当重复学生说的话,并归纳发言,多表达对学生的认同和理解。

(四)"因材施教,尊重差异"——智慧与艺术

师生沟通除了以上提到的几种基本原则外,其实要真正建立健康良好、互信互亲的师生关系,仍有一片大有可为的广阔天地,但这需要班主任积累经验,规避错误,完善方法,不断运用更巧妙、艺术、智慧的方法化解矛盾、激发潜能和赢得尊重。

每个学生都是一个独立的个体,智慧的教师固然深谙归类总结学生类型之道。然而,现实却并非如此理想。面对一个个形形色色的学生,不同的悲伤与忧郁,不同的快乐与满足,最好的教育是真正做到因材施教,尊重每一个学生的个体差异,这就对教师的智慧提出了更高的要求。

第一,使教育方式更多元化,比如,面对面交流访谈、书信式交流、班级周记留言、全班讨论、评语等。

第二,学会借用他山之石的力量,比如,借助家长的助力、榜样与偶像的吸引、同龄同伴的帮助与正面影响、学校资源的助力、各学科教学的作用等。

第三,沟通前有计划、有目标,条理清晰,善于发现问题,巧妙解决问题。

三、问题学生转变的相关策略

班主任的教育生涯里难免会遇到问题学生,如何有效地帮助他们做出改变,如何将问题事件转化为教育契机,需要班主任的智慧探索。因此,它既是一个难题,更是一个挑战。问题学生是指在思想、认识、心理、行为、学习等各方面偏离常态的学生。常常听到老师们发出这样的感慨:"教育问题学生需要经过一番激烈的斗智斗勇!"这要求班主任不仅要有应对突发事件和处理棘手问题的智慧"兵法",还要有越挫越勇的斗志,方能降服这些学生。

下面以一个具体的案例来分析面对问题学生时,班主任可以采取的具体策略。

【案例】

方正不"方正"

有个学生名为方正,行为品质却并不"方正"。长得白净可爱,谁料却是个好动,喜欢打扮、耍酷、出风头,油嘴滑舌,扰乱纪律,经常不做作业,不认真听讲,打架惹事,欺负同学,不诚实守信,对自己的学习、行为表现和班级事务漠不关心的男孩。

其家庭情况也较为特殊:父母都是外来务工人员,文化程度低,且年纪偏大,还有两个刚成年的姐姐,面临就业和成家问题。爸爸因腿伤不便工作,靠经营一家小杂货店来维持生活。父母几乎不懂家庭教育,简单粗暴和软弱无力共存。每次他在校闯了祸,班主任与其父母沟通后,爸爸选择简单粗暴地打骂,妈妈总是唉声叹气,无能为力,忽视家庭教育的重要性,孩子依旧我行我素。

偷东西的习惯也是因其父母长期疏于管教,经常让他自己在店里的抽屉里拿零钱去买东西而慢慢养成的,以致发展为没有得到允许也会拿店里的钱。

他还曾偷偷拿走同班同学书包里的现金,偷溜进办公室拿走了老师包里的现金。此外,他还拉帮结伙地欺负同学,打架斗殴,可谓是典型的青春期问题学生。

(严励昕)

（一）发现问题，先发制人

班主任可以先仔细观察该学生的行为，再和该学生面对面地进行交流，并给予问题的解决方法和具体的改正步骤，同时继续观察其行为。如果沟通有效，问题就并不顽固棘手，可以被扼杀在萌芽中，且学生也能马上意识到问题。

（二）家校合作，耐心沟通

如果师生沟通后发现其行为并没有得到改正，反而变本加厉，可选择与家长沟通，告知家长孩子在校情况，要求家长在家与孩子沟通。比如：针对学习，督促孩子完成作业，杜绝孩子偷用手机上网抄答案；针对行为习惯，把店里的钱柜锁牢，只给适量的零花钱，并且要求每一笔开销都要有记录说明；针对偷窃和打架，要严肃教育，并让其到学校当面向被欺负的同学道歉等，试图进行家校合作，达到转化目的。

（三）学校通力，三方助力

当学生的行为不仅损害自身，还对班级或学校造成不良影响时，可借助学校政教处老师、专业的心理老师的力量，共同交流问题，明确危害，予以纠正。班主任应以耐心教育为主，根据学生具体行为的恶劣程度来控制学校干预的频率。若学生的行为已经侵害到他人的利益，且气焰渐长，可求助校方和专业人士，让其明确底线和校规、行规原则，及时悬崖勒马，改邪归正。

（四）挖掘优点，创造机会

利用同龄效应，抓住教育契机，从其周边的朋友入手进行教育引导。通过换座位以及在意对象的影响，帮助其树立个人形象并获得成就感。

（五）开展班会，抓住契机

一再口头教育若收效甚微，班主任就应开始自我反思，关键在于询问出行为背后的动机，才能对症下药。通过沟通，班主任进一步了解到案例中的学生因嫉妒班中家境富裕、出手阔绰的同学，又因想要广交朋友，才想快速得到钱财后请同学们吃东西。其言语中还透露着对自己父母无能的嫌弃以及对贫富差距的愤恨与无奈，因此才想通过最便捷的方式——偷窃，使自己变得体面而风光。

明确偷窃动机后，班主任开展了"感恩父母""树立正确的金钱观"等主题班会课,深刻剖析学生心理问题,引导学生感悟父母养家的艰辛与不易,形成正确的金钱观,从而治疗问题学生的症结。

四、解决心理问题的相关对策

学生在成长过程中会出现各种各样的心理问题,班主任作为德育工作的一线人员,必须掌握一些基本的心理调适对策,帮助学生在日常生活中改善不健康的心理状态,从而养成健康、健全、良好的心理。

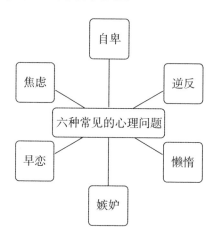

图 4-1 六种常见的心理问题

(一)面对学生的自卑心理

学生自卑的基本表现:缺乏自信,胆小,内心极度在乎他人对自己的看法而在言行上畏首畏尾,不敢表达、展示自己,想法较悲观,预设自己难以成功。这些学生在学业上鲜有出类拔萃者,在人际交往和家庭关系中显得被动而敏感,容易掩藏自己的情绪和想法,与他人相处交往时存在一定障碍。

1.沟通谈心,试图解开自卑生的心理枷锁

面对自卑生时,班主任不仅要耐心沟通,善于抓准痛点并予以鼓励,找到关键并进行疏导,还要创设机会,让他们在实践中摆脱心理枷锁,收获自信。

【案例】

演讲恐惧症

小黄是个擅长写作、逻辑思维清晰的孩子,但由于自卑心理,不敢举手回答问题,不敢在人多的时候发表自己的意见。班主任为了锻炼小黄,帮助他克服这一心理问题,特意推荐他参加一场演讲比赛,并与之沟通。因此,发现他在小伙伴面前往往可以滔滔不绝,表达自如流畅,只是害怕在人多的现场自己会出错,会丢人,会被嘲笑。

班主任宽慰他:"你把上台演讲就当成是和自己的朋友说话,想象下面坐的都是一群崇拜你的学弟学妹。我也看了你最近几次写的文章,如果能顺利表达你的思路和观点,你一定可以获得名次。你也不必给自己太大压力,老师相信同学的眼光,也相信自己的眼光,更相信你的能力,就当作一次锻炼,好好准备,多参考一些优秀演讲者的经验,勇敢尝试一次吧!"

最终,小黄在这次演讲中克服了自己的心理障碍和演讲恐惧症,顺利地完成了演讲,拿到了名次。

(严励昕)

2. 构建懂得欣赏和发现美的班级生态环境

有经验的班主任会通过各种形式(如主题班会课、学期总结、阶段表彰)对班级学生进行赞美教育,如通过"发现身边同学的闪光点""夸夸我的同桌""我们班因他/她而精彩"的话题讨论,带动自卑生在他人评价与肯定中进一步提高内心世界的认可度,从而间接认识到每个人都有自己的优势,不必妄自菲薄,将优点发扬光大,将短板缩小,努力成为更好的自己。

3. 协同家长的力量,帮助学生树立自信人格

除了教师、同学、学校方面给予自卑生肯定与认可外,家庭的力量也必不可少。或者说,较多自卑人格的形成往往源自家庭。班主任更要做好与家长的沟通,将孩子的自卑问题点明,并让家长在家协力做好与孩子的日常沟通和信心建设,给予一定的家庭教育帮助,多给孩子鼓励与赞扬,营造一种民主自由的友好氛围。

(二) 面对学生的逆反心理

逆反心理是指在一定的外界因素作用下,对某事产生反感的情绪,故意与事件发展的常理背道而驰的一种心理状态。青少年尤其容易出现逆反心理,他们对老师、父母的教育常常会表现出不服从、故意反向操作甚至公开顶撞。这些表现

的成因多种多样,有身心发育的内在原因,有家庭背景、不良同伴、大众传播、社会文化的影响等。

逆反心理往往会导致学生自暴自弃、冷漠多疑、不合群等,使之信念动摇、理想泯灭、意志衰退、学业荒废甚至走向犯罪道路等。

1. 指导家庭教育,创建健康良好的家庭氛围

在多数逆反孩子的家庭中,父母选择简单粗暴的教育方式居多,"望子成龙"意识强烈,对孩子的多元发展和健康成长的认识失之偏颇,往往只看重学业成绩,或是过分严肃,缺乏自由民主、相对宽松愉快的氛围。班主任要努力与此类家庭深入沟通,发扬孩子的优势,聆听孩子的心声,真正为孩子感兴趣的内容多搭建平台,给予充分培养和肯定,同时也要客观看待孩子的缺点,慢慢改变父母的教育观念,引导其选择更有利于孩子健康成长的教育方式。

2. 重视心理疏导,重塑教育观念,建设民主平等的班风

一旦发现有逆反心理的学生,班主任就要及时观察、关注并加强心理疏导,可以借助学校或区内的专业心理咨询室,辅助心理咨询工作。

班主任应言传身教,树立良好的为人师表形象,摒弃灌输、教训、驯服的方式,建立民主平等的班风。同时,要多换位思考,少埋怨,一视同仁地对待,公平公正地善待,真心真意地关怀,重视心理疏导与班风建设。

班主任还可以积极引导学生参加集体教育活动,因为集体活动是一种科学有效的教育方式,能激发学生的上进心,发展个人的品德才能,也能从中拥抱友情、收获团结,满足个人成就感等内在心理需要。由此,发挥集体活动对学生的教育、评价和激励作用,营造积极的心理氛围,有效防止或转变逆反心理。

(三)面对学生的懒惰心理

学生懒惰的基本表现:充满惰性,对学习、生活各方面很难提起兴趣,表现出无所谓的麻木态度,严重者会滋生一些恶习,心理上充斥着厌倦的情绪,出现懒散、犹豫的行为表象。比如,不讲卫生、自理能力差、经常迟到、上课不专心听讲、作业不按时完成与上交、经常忘带东西、不爱参加集体活动、不乐于交谈、对身边人或事漠不关心等。

1. 帮助学生激发内在驱动力,增强学习与生活动力

形成懒惰的原因主要来自主观意识上缺乏动力,内心缺少感兴趣的、能激发

斗志的重要目标。因此,班主任可以通过沟通来帮助学生激发内在驱动力,明确学习与生活的意义以及懒惰的弊端。

2. 帮助学生制订具体可行的计划,建立奖惩制度

班主任先正确归因懒惰学生的行为,赢得学生的信任与青睐,让学生知道老师理解自己并非有意为之,而是遇到了困境,需要被拯救。

【案例】

考前动员的力量

班主任说:"今天课上你又睡觉了,我猜想可能有这样几点原因:对学习不感兴趣,觉得老师讲的课堂知识太难,或者是晚上睡觉太晚,白天自然就没有精神,又或者是这节课不够生动精彩,又或者是家庭或校园里有让你忧心的事情等。你能说说是哪种原因吗?"

学生回答:"我……我好像前两个因素都……都有点……"

班主任又说:"你挺坦诚的。你知不知道现在你要面临的处境是中考?你知不知道老师和家长为了你们的学业进步付出了多少努力?你知不知道同学们一个个拼命努力,就连基础薄弱的同学也都迎头赶上?你觉得还有多少能浪费的时间,还有多少不能克服的困难?如果你主观上不愿学习,谁也无法改变。但你将来想过怎样的人生,想拥有多少选择的权利,取决于你年轻时打下的基础!"

学生说:"(低头)老师,我也很想取得好成绩,可每次想努力,行为上就会懒怠。哎!怕是来不及了……"

班主任说:"老师很高兴听到你说你想要学习。对你目前的实力而言,努力的过程一定会痛苦,那些成绩的背后要付出很多辛勤的汗水。建议你从现在开始制定学习时刻表,把心里的杂念都抛去,放弃电子产品,不要给自己安逸享乐的借口。哪怕一周、一个月努力下来,还是会经受一些失败,此时要坚持挺住,默默承受。耕耘后必有甜美的收获,你愿意有一个这样的开始吗?"

学生回答:"老师,我愿意!"

班主任说:"你想象一下中考取得满意成绩后拿到心仪高中的录取通知书,你的家人该有多骄傲,你该有多高兴,老师们也都为你喝彩。克服惰性后的成功和一天天的消极度日,哪种生活更让你充满成就感?"

学生说:"当然是前者!老师,我明白了。我不想等那个时候回过头来后悔。"

班主任说:"我们现在一起来制定一张初步的奋斗时刻表,以一周为一个阶段,如果做到会有一定奖励,如果没有做到也会有惩罚哦!"

(严励昕)

案例中的班主任帮助学生树立目标意识,明确努力方向,醍醐灌顶一般地让学生"清醒"起来,主观上唤醒其改正的心愿。然后,帮助学生制订具体可行的计划,不让学生空有行动却一筹莫展,并通过建立一定奖惩制度来协助其一步步达成目标。

（四）面对学生的嫉妒心理

嫉妒心理的基本表现:发现其他同学比自己成绩优秀、家庭富裕、长相漂亮而感到不舒服,甚至难过、不服气。

嫉妒是一种不利于学生身心健康、团结友善、在学业上积极进取的心理缺点,是一种不健康的心理状态,其危害性不容小觑。

1. 帮助学生了解嫉妒的危害,重视善良教育

轻度的嫉妒使人烦恼、忧虑、悲观,直接影响人在日常生活中的情绪,也容易使人产生偏见,从而影响人际关系的良性交往,打击学习与生活的积极性。然而,严重的嫉妒会消磨自己奋斗的动力,甚至蒙蔽内心善良的美德,开始出现怨恨、诋毁、报复的心理和行为,甚至会影响终身。

2. 引导学生正确看待差异,强调自身奋斗

班主任应帮助学生正确认识人之人之间的差异,"人外有人,天外有天",那些看似与生俱来的优越感是人们主动努力奋斗才创造出的条件,获得幸福的方法唯有促使自身不断进步。

（五）面对学生的早恋心理

早恋是指未成年学生把对异性的好感用恋爱的方式表现出来的一种心理现象。一般而言,中学生几乎在不同程度上存在早恋现象,且出现人数逐年增多、年龄愈来愈小的势头。

1. 尊重和关心学生情感动态,疏不如堵

切忌讽刺挖苦、当众羞辱、向家长告状,或急于批评指责并企图扼杀等,这样会导致学生自尊心受伤害,甚至出现越禁止越激烈或走上"殉情""私奔"的极端。

班主任要理解并尊重出现早恋苗头或已经步入早恋的学生的情感,要在理解的基础上想办法赢得他们的信任,以关怀和爱护的态度去亲近他们,以同理心去帮助他们。同时,要发自内心地认为感情是纯真美好的,值得被尊重,不要过度解读早恋这种情感。

发现迹象后,班主任应继续认真观察,要冷静地分析,细心地进行私下沟通和交流。

2. 明确责任意识,强调爱的代价

班主任在尊重学生的基础上,对早恋问题不应只是简单的"支持"与"反对"态度,也并非无所作为。在沟通中,班主任可以强调爱的责任分量,引导学生正确认识爱情,正视自身是否具有承担爱的能力,是否真正能让所爱之人幸福,双方如何继续爱下去,思考那些原本不会去思考的对未来的计划等,让爱更理智。

(六) 面对学生的焦虑心理

焦虑是指个体因担心达不成目标或克服不了困难,使自尊心与自信心受挫,充满恐惧和紧张的一种心理状态。

学生的焦虑心理一般有学习焦虑、考试焦虑、社交焦虑等。随着社会竞争愈发激烈,对学生学业要求更高,使其产生巨大的学业压力,焦虑感倍增。过度焦虑不仅会影响学业,还会使学生产生厌学、抑郁等心理,危害身心健康。

焦虑心理的主要表现:坐立不安,胡思乱想,不注意听讲,注意力不集中,学习效率差,产生紧张、慌张、压抑等情绪,可能出现拒绝上学、拒绝参加考试的情况。

1. 指导家庭教育,构建和谐氛围

指导家长多给予孩子宽松愉快的家庭生活和学习氛围,多正面鼓励,多微笑亲和,多耐心引导,让孩子在充满安全感和爱的氛围中成长,少苛责批评甚至谩骂或动手,少勒令呵斥等。同时,在学业等方面不要给孩子过重的压力和心理负担。

2. 积极引导学生宣泄情绪,放松身心

深呼吸,活动身体,到户外散步,听轻快的歌曲,参与一些有趣的活动,去广阔的高处呐喊,发泄心中郁结,骑自行车去郊外散心,观赏美景,或是找同学、朋友、老师、父母倾诉等,都能帮助自己缓解焦虑情绪。

3. 引导学生正确认识自我,鼓励教育与挫折教育并行

引导学生多与家长、老师沟通,学会听取长辈的意见,全面认识自己的优缺

点。对待成功不应骄傲自满,对待失败也不应垂头丧气,学会总结经验,吸取教训,弥补缺点。对于因过于看低自己而焦虑的学生,班主任应更重视鼓励教育,带领学生打开心扉,创造各种机会,通过个人、班级、年级或校级等途径让学生获得成就,收获成长,打破焦虑,培养一种更有弹性、积极阳光的心态。

同时,焦虑的来源也有无法面对挫折带给自己的影响,因此,班主任还要重视挫折教育。挫折有正面和负面的双重影响,它不仅会刺激学生进步与成长,还会打击学生内心的期待与憧憬,使其一蹶不振。班主任应引导学生勇敢面对挫折,让学生削弱对挫折的紧张和恐惧,指导学生认真分析导致挫折的具体原因,并从中学习和吸收经验,学会"吃一堑,长一智",努力凭借自己的行动去击退现有的障碍,保持一种积极乐观的精神,不要轻易动摇或退缩。

小贴士:

- 正常对待,不多不少的关注。
- 适当关心,不浓不淡的关爱。
- 充分尊重,不高不低的目标。
- 足够耐心,不骄不躁的守护。
- 十分信任,不远不近的距离。

思考题

班级中出现男生热衷买名牌鞋,女生热衷买奢侈品的现象,并形成一定的攀比风气,导致学生上课不专心,成绩下滑,家长束手无策。作为班主任,你该如何处理?

(上海市金山初级中学　严励昕)

话题 11　与家长成为合作伙伴

 问题导引

班主任怎样更好地与家长沟通？

当前,学校的发展与变革、教育政策的更新、孩子成长环境的多元化等,都迫切要求加强家校合作。21世纪的家长已经在文化素养、教育理念与能力、参与意识、教育权利与责任等方面出现了很大改变。很多家长有参与学校教育的强烈意愿,也同样期待学校教育工作者对其家庭教育产生专业性影响。沟通既是一门学问,也是一项专业能力,良好的沟通能力、恰当的交流方式是家校合作的前提和保障。班主任与家长沟通时,应该遵循哪些原则?

一、班主任与家长沟通的五大原则

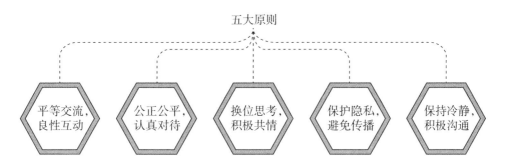

图 4-2　班主任与家长沟通的五大原则

（一）平等交流,良性互动

班主任要明确家长是合作者,和自己处于平等的地位,因此不能在沟通中以居高临下的姿态向家长发号施令。比如,学生犯错误时,班主任可以引导家长发现问题,指导家长开展家庭教育。班主任让家长到学校,不应是问责,而是积极讨论解决问题的办法,与家长同行,共同陪伴孩子成长。

（二）公正公平，认真对待

教师对待每个学生都应公正公平，对待家长也应该如此。在工作中，不少班主任与家长沟通时主要围绕学生的学业、思想品德、行为习惯等方面的问题展开，这种方式可以采用，但不要用学生成绩来区别对待家长。

（三）换位思考，积极共情

面对学生的问题，班主任应该学会换位思考，了解家长内心的想法，积极回应家长的情绪，适时鼓励家长做出努力，体谅家长在教育和抚养孩子过程中遇到的难处，不强人所难，而是根据实际情况提出要求和布置任务。如果有余力，班主任可以开展基于本班学生家庭实际情况的研究，及时调整家校合作策略，逐步构建个性化、多元化的家校合作模式。

（四）保护隐私，避免传播

在家校沟通过程中，班主任要注意保护学生和家长的隐私，尤其在收集、汇总信息时，涉及家庭隐私和重要信息的相关工作不应在班级群完成，而要单独进行。同时，涉及学生或家长隐私的内容也不能在微信朋友圈或工作群进行传播。

（五）保持冷静，积极沟通

遇到问题时，班主任要学会管理和控制自己的情绪，避免在公共场所或者家长群对家长进行批评或指责，以免激化矛盾，破坏家校和谐关系。对于学生的问题，最好私下与家长沟通，这样家长更能接受，也更愿意配合。

二、家访的注意事项

家访是教师到学生家里，与家长交流学生各方面的表现状态，对家庭教育进行有针对性的指导活动。

家访前一定要做好精心的准备和计划。首先，对将要家访的学生（如性格、品行、爱好、学习情况）有较为充分的了解。其次，反映问题要实事求是。对于孩子的优点要充分肯定，对缺点也绝不隐瞒，要如实告诉家长。然后，在家访过程中，态度要谦和、坦诚，尊重和信任家长，这样才能争取家长的支持与配合。最后，家访时要掌握好时间，不能三言两语应付了事，也不能毫无目的地闲聊，耽误家长的时间，要把握好一个"度"。此外，家访工作要尽量做到经常化，防患于未然，不要等学生出了问题才去家访。

（一）明确目的

（1）了解学生的家庭教育情况，了解学生在家的表现。

（2）了解家长的家庭教养方式。

（3）征求家长对教师教学、班级和学校管理的意见与建议。

（4）向家长宣传教育政策，提供先进的教育观念。

（5）纠正家长错误的教育方法，科学指导家长。

（6）家访时，要与家长共同探讨教育孩子的问题。

（7）家访后，要及时记录和整理，不断总结教育经验。

（二）了解家庭

表 4-2　家访前准备

序号	事项	具体内容	参考提示
1	收集信息	• 学生的基本情况，包括兴趣爱好、学习习惯、生活习惯、性格特征、同伴交往等； • 家庭主要成员构成，家长的学历、职业、工作地点等； • 学校办学理念、班集体建设目标等其他要传递给家长的信息	新接班的班主任可以通过查阅学生学籍卡、成长册，或与前任教师交流等方式获取信息
2	明确目的	• 根据学生特点及家庭现状，确定家访目的； • 拟写家访提纲及家庭教育指导要点	家访的意义不在于谈论学生的过去，而在于如何使学生有一个灿烂的明天。因此，要把家访的落脚点放在研究和改进学生的教育上。家访目的如下：了解学生家庭情况、家庭教育状况、学生在家庭中的表现和家庭环境对学生的影响；及时向家长反映学生在校情况；和家长一起研究和改进对学生的教育
3	预约出行	• 合理设计家访路线，提前 2—3 天电话预约； • 带好家访记录表或笔记本； • 穿着打扮要大方得体，可自备鞋套、饮用水，注意路途安全	可按学生住址分片区设计家访路线，并根据家访家庭间的距离预留路程时间

表4-3 家访进行时

序号	事项	具体内容	参考提示
1	仔细观察	• 观察学生的居家环境,是否有自己的独立空间,如自己的卧室、书房、书桌; • 观察家庭成员间的相处方式,如亲子双方对话时的态度、语气、表情,二孩家庭中手足间的交流情况等; • 观察学生和家长的谈吐举止,如待人接物的礼仪等	对学生的居家环境、亲子关系进行观察,有助于教师对学生外显行为表现进行内因分析,以及预测家庭状况可能给学生发展带来的后续影响
2	重点关注	• 关注学生的在家表现,如居家生活习惯、学习习惯、劳动习惯、健身习惯、兴趣培养、自主能力等; • 关注家长的教育理念和教育能力,如家长对教育的重视程度、对孩子发展的期望、评价孩子的方式及孩子的反应,家庭成员的教育方式是否一致等	家访是家校共育的重要途径之一,关注和研究家长的教育观念和方式,有助于为家庭提供有针对性、个性化的家庭教育指导,实现"一把钥匙开一把锁"
3	有效沟通	• 可就学校对学生的培养要求、班集体建设的目标、学生的现状等作交流反馈,以赢得家长的信任和协助,形成育人合力; • 询问学生在家学习与生活的情况、家长对学校和教师的期望等,以便学校为学生和家庭提供更有效的帮助; • 了解家长对孩子的期望,倾听家长在家庭教育中的困惑,并给予一定的方法指导; • 了解家长在家庭教育过程中采取的有效方法及成功经验,为家长学校课程实施收集可推广案例	沟通的内容应围绕家访目的展开,突出重点和主次,掌握好先谈什么后谈什么。沟通方式如下:以教师独白形式介绍学生在校近况;以教师发问、家长解说的形式了解学生的家庭情况等;以双方交谈形式研究和改进对学生的教育。沟通技巧如下:尊重家长的意见和看法,注重倾听,做好记录;以表扬鼓励为主,对于学生的不足之处,可给出有针对性的改进意见,切忌指责家长和学生;对于暂时无法回答的问题,应先记录下,等弄清楚后再回复
4	注意仪态	• 主动与学生、家长打招呼,言谈亲切,举止大方,不居高临下,也不畏畏缩缩; • 为人师表,不随便打听家庭隐私,不收家长的礼品、红包、有价卡券或宴请; • 合理控制家访时长,以半小时左右为宜	通过家访,使家长认识到自己是名专业的教师,使家长感受到教师对学生的爱护和关怀,这样才能获得更多的尊重和信任,形成理想的家校协同力量

表 4-4　家访后总结

序号	事项	具体内容	参考提示
1	归类总结	• 完成家访记录表,有需要重点关注的信息可以在备注中写明,以备后用; • 注意家访记录表的保管,注意保护家庭隐私; • 对特殊家庭做好后续的跟踪指导或学生的个别化教育	对离异家庭、隔代教养家庭、家庭教育缺失家庭和其他特殊学生等要归类梳理问题,及时提供帮助,并定时跟进
2	协调反馈	• 根据实际需要,做好与班级任课教师、学校心理教师、社区工作人员的协调沟通,形成育人合力; • 对家访中答应家长或学生的事情,要及时处理或反馈给学校,并告知处理结果	主动凝聚多方力量,形成教育合力

三、家长会的组织与实施

小时候,家长会的代名词是"告状会"。长大了,"告状会"变成"班级年级排名会"。当老师了,手握孩子们的"生杀大权",一不小心,也重蹈着昔日班主任走过的路。一晃眼,二十余年的家长会开过了,突然想,有没有一种家长会可以让每一位家长都带着若有所悟的微笑回家去……

（一）家长会的含义

家长会是指由学校或教师发起,面向学生及其家长,进行交流、互动的介绍性的会议或活动。

（二）家长会的召开时间

召开家长会的时间一般是开学初、期中考试前后、期末考试前后,或是学校有比较重要的活动要与家长沟通时。

（三）召开家长会的目的

许多学校要求每个班级每学期至少召开一次家长会。召开家长会的目的是什么,有什么作用?

了解学生的家庭情况和在家表现。虽然家访和平时的电话也能了解具体情况,但是学生的问题是不断发展和变化的。

让家长了解孩子在学校的学习情况及各方面的表现。

介绍班级一个阶段开展的各项活动和班主任的带班愿景。

进行有效的家教指导,帮助家长提高教育孩子的水平。

阐明学校教育管理的理念和做法,增进理解,加强合作。

进行资源整合,促进学生成长。

(四) 家长会的主要内容

一件大事:对班风建设、学习促进、家庭指导都有显著的意义。

双向交流:既有教师与家长(自上而下)、家长与教师(自下而上)的双向交流,也有家长与家长之间的平行交流。

三个结果:有的看,有的听,有的想。

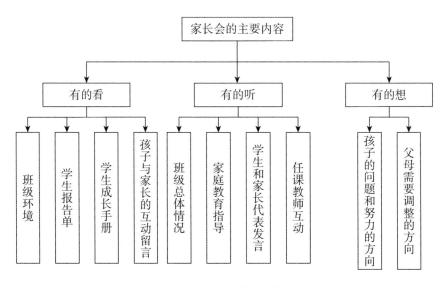

图 4-3 家长会的主要内容

(五) 家长会的基本类型

家长会的基本类型包括真情交流会、情况分析会、分层指导会、家教指导会等,比如:(1)学生主人翁式,如学生成长汇报;(2)热点主题式,通过读书、手机使用、兴趣培养等,分享家教理念,探讨成长所获;(3)圆桌茶会式;(4)分散摆摊式;(5)网络直播式。

【案例】

上海市蒙山中学预备班家长沙龙分享会方案

1. 时间:×年×月×日(星期×)晚上。

2. 地点:×××。

3. 对象:预备班家长。

4. 主题:沟通·理解——上海市蒙山中学预备班家长交流分享会。

5. 目的:预备年级学生面临小学生到中学生的身份转变,他们需要适应新的环境,面对更重的学习任务,需要家长更多的关注和关爱。随着身心的成长,他们还希望与家长有更多平等对话、交流和沟通的机会,增进相互之间的理解。通过家长之间的交流分享,提高家长与孩子的沟通能力,促进预备年级学生的健康成长。

6. 议程如下:(1)第一阶段:18:00—19:00,家长之间自由交流;(2)第二阶段:19:00—20:00,家长集中交流分享关于亲子沟通与理解方面的感受、经验和困惑等;(3)第三阶段:20:00—21:00,家长分组讨论加强亲子沟通与理解的具体方法和措施。

(王卫清)

　　总之,召开家长会是一次班主任与家长交流情况、相互了解学习的好机会。班主任应做好充分的准备,有明确的目的,才能收到实效。

四、家长微信群的利用与管理

(一) 搭建互动平台,促进家校互动

　　80后、90后家长渴望全面了解子女的在校情况,班主任或任课教师也希望能及时将学生在校的各种表现及自己的一些教育教学做法分享给家长,真正搭建起一种新型的家校互动平台,实现教育合力的最大化。随着互联网的快速发展和智能手机的普及,QQ和微信是现在使用非常广泛的网络通信工具,大部分家长都拥有自己的QQ和微信。通信软件具有快速发送文字和照片、支持多人对话、使用便捷等优势,所以充分发挥通信软件的功能,可以使它成为一种简单有效的家校互动方式。班主任建立QQ群,及时与家长进行沟通,是对传统的家校互动模式的一种非常有益的补充,而微信群正在慢慢代替QQ群,发挥着不可替代的作用。

　　家长QQ群和微信群构建了家庭教育知识交流的虚拟空间,为家长提供了一个虚拟而广阔的公共空间,便于家长在网络上交换各自对某一问题的看法和想法

等,以达到更广泛交流的目的。家长 QQ 群和微信群还搭建了以家长与教师为主体的人际互动平台,使一些原来互相之间并不熟悉的家长与教师成为携手教育孩子的朋友,加强了对学生教育的交流与管理。家长 QQ 群和微信群有利于建立互助融洽的家校关系,调整家长与教师之间的隔离关系,促进家长与教师的平等交往,消除心理压力,实现家校交流的时空对接。

(二) 制定群规,共同遵守

为了让班级 QQ 群和微信群沟通更畅通,班主任要制定群规,让大家交流更方便,也便于家长关注班级各项信息。可以根据班级特点制定群规:(1)每一个群成员都是平等的;(2)与班级无关的事情不说;(3)不宜公开的内容不发到群里;(4)不说不文明或过激的话;(5)发信息要有时间观念。

只要每个人都遵守这些最基本的规则,QQ 群和微信群就会成为班级管理的好助手,而不会成为大家的负担。QQ 群和微信群也并非万能的,并不能代替学校和班主任所有的日常管理,仅仅是家校交流的一种新途径,是学校和班主任构建和谐教育的一个新工具。班主任平时的各项常规工作仍要扎实、有序进行。对于如何利用网络对家长和学生进行正确引导,为网络时代背景下的学校和班主任的教育工作增添色彩,还需要不断研究。

小贴士:

- 平等交流,良性互动。
- 公正公平,认真对待。
- 换位思考,积极共情。
- 保护隐私,避免传播。
- 保持冷静,积极沟通。

 思考题

班级中有几个男生在家经常使用手机,作为班主任,你该如何跟这几位孩子的家长沟通,如何科学指导?你能想到哪几种沟通方式和做法?

(上海市蒙山中学　李　佳)

话题 12 与学科教师组成最佳搭档

 问题导引

班主任如何与任课教师建立和谐的合作关系?

如何充分发挥各科教师的作用,如何与各科教师进行日常工作交流,如何协调各科教师之间的问题,这些也都是班主任修炼和研究的必修课。不仅要明确班主任与各科教师之间的角色关系,还要掌握基本的日常沟通方法和问题发生时的协商原则,这样方能同舟共济,成为班级的智慧掌舵人。

一、班主任与各科教师的关系

在班级管理中,任课教师的作用往往也是至关重要的。智慧的班主任懂得与各科教师和谐相处、协商共赢,从而高效地推动班级工作的前进。在日常工作中,常常会发生一些人际关系相处中的冲突和误解,如各自为政、互不关心、彼此冷漠对待、目标不统一、强势逼人。这不仅会在不同程度上影响学生学习质量和班风建设,还会破坏同事之间的和谐关系,从而不利于各项工作的开展。

苏霍姆林斯基曾说:"每一位教师不仅是教书者,而且是教育者。"因此,各科教师和班主任一样,都是育人的群体,都是学生健康成长道路上的领路人,都是班级管理中不可缺少的中坚力量,他们之间的配合相当重要。班主任作为一个集体的管理者和引导者,要比各科教师多一份使命感,不仅要对所教学生的学科成绩、行为习惯、思想动态、班级管理负责,还不能忽略与各科教师的合作关系。

二、班主任与各科教师的日常沟通原则

各科教师即同事,是与班主任相处时间最多的群体,有时甚至比与家人相处的时间还长,每天工作在一个屋檐下、同一个环境中,免不了交谈、相处和合作。因此,大家都应为了和谐的同事关系、愉快的工作氛围而努力。

【案例】

和谐的"闲谈"

班主任 A 说:"柳老师,你今天这身裙子可真漂亮!"

柳老师说:"谢谢,我昨天新买的。"

班主任 B 说:"我正好要去打印新课课件,孔老师你有没有需要打印和复印的资料,我帮你一起打印一下吧,省得咱俩跑两趟了。"

孔老师说:"那太好了,麻烦你啦! 我把 U 盘给你,请帮我打印名称为'期末复习卷一'的 Word 文档。先打印一份原稿,然后复印 450 份。太感谢啦!"

班主任 B 说:"没问题,举手之劳,不用谢!"

班主任 C 说:"陈老师,辛苦您为我们班级操碎了心。今天班里的孩子是不是惹您生气了,您别放在心上,跟我说说究竟是怎么一回事吧。如果需要,我可以帮您一起教育孩子,解决班里的问题。"

陈老师说:"哎,还是那几个孩子上课不认真听讲,开小差,说废话,还影响到其他同学听课。我也找他们单独沟通过,似乎作用不大,看来还需要'主任'出马呀。"

班主任 C 说:"好。如果有必要,本周我就约这几位同学家长来学校和您一起聊聊孩子的课堂表现。咱们一起努力,辛苦了!"

(严励昕)

从以上几位班主任的日常交流对话中可得出一些基本的沟通原则。

教师群体通常都是接受过良好教育、规则意识较强的人群,因此免不了出现"文人相轻"的现象。教师之间也会因为一些看似无关紧要的言语或不经意的细节举动而与同事关系疏远,从而影响工作与身心健康。

班主任要发自内心地经常赞美身边的各科教师,善于发现美,捕捉闪光点,多一些对同事的肯定与欣赏,不冷漠,不自我,适当、真诚、热情地表达对同事的关心,将会对同事的工作产生积极影响。与此同时,当工作环境变得积极阳光,自己的工作也会变得更顺心舒适。这种赞赏是由衷的、发自内心的,而非虚假的、奉承的或是傲慢的。

当同事之间出现细微的隔阂、不悦时,也应第一时间及时与对方进行沟通,解除误会,坦诚交流,绝不要沉默不语,暗暗结下梁子,或是为小事起不必要的争执。

所谓"君子和而不同",是指言语上充满关怀,对同事抱有信任、尊重和理解,同为从事相同事业的人,理应立场一致,更应互相体谅彼此的艰辛与苦衷,互相产生共鸣。即便出现意见相左,甚至有时意见有偏差,也要尊重对方的想法,控制自己的情绪,不要盛势凌人地进行言语打击,直到驳倒对方才罢休。

三、班主任与各科教师的问题协商策略

在日常工作中,对于各科教师之间、任课教师与学生或班级之间发生的矛盾、冲突和问题,班主任都应主动在其中起到调解、协商、解决的作用,通过有效的沟通方式予以解决,实现双赢。

首先,很多教师在沟通中容易跑题,最终双方没有达成任何共识和结果就结束对话,这是因为在协商中没有事先明确目标。因此,班主任在与任课教师协商之前,心中要问自己几个问题:我为什么找他们谈话? 我想达到什么目标? 这个目标是否重要? 带着这些问题进入沟通,就不会出现稀里糊涂、情绪宣泄、低效无果的协商,就会头脑清晰地将话题拉回正轨,从而逐渐走向一个明朗的结果。

其次,协商中还容易发生双方各执其词且争执不下的现象,其实归根结底也是目标不明确的表现之一。班主任应将双方置于平等的地位,将自己置于倾听者、问题解决者、思路梳理者的位置,不断推进协商进程,不能将自己作为冷眼旁观者,高高在上地评判双方的对与错、好与坏,而是善于从双方的立场中找到共同点,从团队的角度处理问题。

班主任在倾听过程中要善于捕捉任课教师的内心需求与期望,努力找到可以解决问题的良策,同时做到守护双方的自尊,努力争取和满足对方的需求,从而达到协商的双赢结局。

【案例】

一场中年男教师的"战争"

这名班主任是班龄一年、教龄三年的年轻女教师。一日,她们班的两名临近退休年纪的搭班男教师骂骂咧咧地一脚踹开了她的办公室大门,互相用手指着对方火冒三丈的脸,嘴里不断大声吼着话,走到她的桌旁。

数学张老师先发制人:"你给评评理,今天这个人居然在我的课上把学生扣留在他的办公室,不让他们来上我的数学课,你说这像话吗?"

英语王老师紧接着更大声地回应："你好意思说我扣留学生？一方面我让学生默写过关也就耽误了几分钟，一方面你那是数学课吗，还不是美术老师临时有事给你的课，那就不算是你的课！你还有理了！"

张老师气鼓鼓地继续说："教导处给换的课名正言顺，你耳朵聋了没听到铃声吗？再说，你这不是第一次，你平时就是下课留着学生过关，长期无视上课铃，耽误了多少学生上课，耽误了多少任课老师上课。小新老师，你说说是不是连你的课他都没放眼里。只有他的课最重要吗？太嚣张了。"

王老师敲敲桌子，又提高嗓门儿说道："我嚣张什么？这么点小事跟我搞，我吃饱了撑的吗？给学生过关，我也是为了这些学生！小新老师，你今天倒是给我个说法。张老师把话说得这么难听，以后我就不给学生过关了，让校长给我们拆开，我跟他不对付，不想跟他搭班了。"

班主任一边怯生生地听着这场"大战"，一边手足无措，试图冷静解决。

（严励昕）

如果你是小新老师，此刻面对这场任课教师之间的"大战"，你会怎么做？

（1）捕捉信息，思考协商目标。

作为一名合格班主任，上述案例中的"大战"虽已迫在眉睫，但只要平时有心观察，不难发现两位教师的矛盾已经积累到一定程度，可能会因为一件小事一触即发。因此，此时应当沉着冷静，仔细聆听两位教师言语中的信息，迅速整理出主要问题和解决对策。

（2）抚慰情绪，降低伤害。

示例："张老师，王老师，先不要动气，请坐下来慢慢说。咱们都共事了一年多时间，是一个战壕里的战友，千万别伤了和气。"

（3）肯定双方行为的出发点和优点。

示例："作为晚辈，我非常钦佩您二老。张老师坚守岗位，坚持原则，辛苦地接下学校临危受命的课，不仅付出体力和精力，还恪守原则。王老师向来孜孜不倦地为了班级学生的英语成绩，不惜牺牲自己的时间来见缝插针地给他们辅导、讲解与过关，一心为了学生。这个班级的英语成绩也在您这样严厉而用心的带领下节节提升，我由衷佩服。"

（4）强调感情基础，引入第三方评价，弱化矛盾。

示例:"您二老明明都是敬业认真、一丝不苟的榜样,互相也是相处很久的老同事、老战友,今天怎么就为了这么小的事情吵起来了,可真不值得。学生、家长对您二老的评价特别高,都说这个班级正因为有了您二老的存在,学生们才能学得好,家长们心里才能更踏实。"

(5)寻找解决办法,表达自己的看法,试图达到协商目标。

示例:"如果您二老觉得我这个班主任说得有道理,我们就化干戈为玉帛,都是为了学校、为了学生,接下来大家都各退一步看看如何。张老师您也不必为了少了几个学生上课而动怒,我待会儿让这几个学生找班干部补上缺失的内容。王老师,我也知道在您办公室听到的上课铃声较轻,过关学生基础又弱,动作也慢,可能您已经催促他们去上课了,可他们还是慢慢吞吞的。一方面,我可以去找学校反映铃声问题;另一方面,对于学生的行为习惯,我也会利用班会课再和他们强调一下。"

除了上述任课教师之间产生矛盾,班主任要挺身而出,出面协商的情况外,还有许多其他状况:班级学生对任课教师有意见,当堂顶撞,学习积极性降低;任课教师对班主任过分依赖,对自身德育责任认识不足等。

作为班主任,又应当采取哪些策略?

【案例】

面对矛盾,班主任可以这样说……

班主任一:A老师,您任教的班级中,我们班的这门学科成绩似乎最为落后,学生学习这门学科的积极性似乎没有其他班级高。我作为班主任很是忧虑,一定是我在班级管理和学风建设上还没做到位。您看,为了学生的学习积极性和学业成绩,我还能做哪些努力?我一定会积极配合您!比如,学生上课的课堂效率、作业的完成质量等方面,我该如何对症下药?

班主任二:B老师,我先向您道歉,作为班主任的我管教无方,最近班里的那三个孩子因当面顶撞您而伤了您的心,我一得知情况就马上和他们谈了心。其实,他们本身对这门学科是感兴趣的,但几次上课举手后没被您注意到,就逐渐失去了兴致。还有一次,他们讨论您抛出的课堂问题时被您误会为说闲话,所以才失去了信心,还有些赌气和难过。您别生气,他们其实就是想得到您的关注,也想要学好这门课。请再给他们一次机会,我会让他们亲自跟您道歉并说明情况。

班主任三:C老师,我很感谢您对我的信任,无论班中发生什么事,您都会第一时间告知我。大大小小的事情,通过您的告知,我都能了如指掌。但其实,孩子们也很信任您和喜欢您,您在他们心目中也是亦师亦友的权威和榜样。如果在您这儿发生的一些事情能由您亲自和孩子们聊聊,指导一番,相信他们一定获益良多。有时候,单凭我的一些做法,可能对于班级管理也不免狭隘单一。我真心希望您能与我共同关注孩子们的成长,集思广益,想出最好的解决办法。

(严励昕)

当矛盾发生时,作为班主任,要如何与各科教师沟通协商?

第一,善于指出各科教师言行举止中的优点与良好动机。

第二,善于向各科教师虚心请教,听取意见和建议。

第三,善于控制情绪,冷静处事,对各科教师予以肯定与感恩。

第四,善于智慧地化解矛盾,耐心、妥善地协调双方关系。

小贴士:

- 日常沟通的方法:(1)主动热情,不吝啬赞美;(2)心胸开阔,不斤斤计较;(3)理解尊重,不咄咄逼人。

- 问题协商的方法:(1)明确沟通目标,切忌啰唆跑题;(2)保持亲和耐心,切忌居高临下;(3)了解对方需求,切忌自我中心。

思考题

如果你们班级的任课教师经常在放学后把学生留到很晚,影响了当天班级值日工作,激起了部分家长的不满情绪。作为班主任,应如何与之沟通?

(上海市金山初级中学　严励昕)

Part 5
班主任的案头功夫

话题 13　品德评语凸显品位

 问题导引

什么样的评语是有品位的？如何写出有品位的评语？

品德评语是班主任对学生业已形成的品德认识或品德行为的评价语言,通常以书面形式呈现。

每学期末都要完成的一项工作就是撰写品德评语。如果说新接班级的家访是班主任的第一次精彩亮相,品德评语就是其在学生和家长心中画上的第一个圆满句号。这个句号该怎么画? 一条评语是随意而得还是精心撰写,学生和家长一看便心知肚明。随意而得的评语往往不符合学生实际,学生和家长便会一看了之、一放忘之,其导向作用很难发挥。一条有品位的评语则会让家长对年轻的班主任另眼相看,成为学生和家长心中有水平、懂学生的好班主任。所以,练就笔杆子功夫,就从撰写有品位的评语开始吧!

一、万千评语细细品

撰写品德评语的目的有三:第一,帮助学生正确认识自身的品德面貌;第二,提高学生对品德规范的认识,增强其遵守品德规范的自觉性;第三,对学生的品德行为产生一定的监督或约束作用,促使学生的品德认识向品德行为转化。

【案例】

三则品德评语

学生 A:该生能严格遵守学校的各项规章制度,懂礼貌、爱学习、爱劳动,为了自己的理想不断努力、顽强拼搏,学习认真,喜欢阅读课外书籍,知识面较广。做事踏实、负责,深得老师和同学的喜爱,是一名优秀的中学生。

学生 B:你淘气、好动,是个让老师既喜欢又头疼的学生。上课时,你爱和文具

用品"交朋友",和左邻右舍"谈谈心"。假如你能把这股劲儿用在学习上,老师会更喜欢你。古人云:"书山有路勤为径,学海无涯苦作舟。"学习上不努力,怎么会有收获呢?

学生C:台上一分钟,台下十年功。每当看到你专注练习京剧的样子,老师就从心底里赞许你!在京剧舞台上表演的你,每一个神情和动作都充满自信。真棒!老师想悄悄告诉你,文艺委员这个岗位除了要有出色的专业能力外,可能还需要一些沟通技巧哦。老师随时可以为你支招。

(丁鑫美)

以上三条评语中,你最喜欢哪一条?

第一条评语淋漓尽致地表扬了品学兼优的学生A。乍一看真的很不错。不过,作为班主任的你是不是觉得这一条评语适用于所有优秀的学生?这样普适性的语言就失去了评价的意义,因为没有同样的两片树叶,也没有同样的两个学生。

第二条评语是针对课堂不专心、成绩不理想的学生,这就是真实写照。可是,这真是一条品德评语吗?再仔细读一读,除了教师的抱怨外,还有什么呢?评语中的"这股劲儿"是什么劲,可以用到学习上吗?还有最后一句反问句,除了责备外,没有给出任何有效的学习方法。

对于第三条评语,你是不是会觉得这条评语不够全面,从头到尾都在讲练习京剧这件事,但是细细品味后,你一定会发现,"京剧"二字一出现便拉近了师生的距离。班主任从学生C的兴趣爱好入手,肯定了学生C做事专注和自信的优点。最后,还友好地提出了该生进步的空间,并表示愿意帮助该生。如果你就是这个学生,这份评语是不是会激励到你?在今后的班干部工作中遇到困难时,是不是会寻求班主任的帮助?

不难发现,有品位的品德评语一定具备以下特征。

(一) 文采与内容俱佳

无论是洋洋洒洒的文章,还是短短百字的评语,都要写得精彩,让学生和家长都爱读,并从心底里认为,班主任是名有文化功底的老师。在内容方面,可以不必面面俱到,但一定要贴近学生学习与生活实际,让品德评语不是千篇一律而是富有学生个性的。

（二）过程与结果并重

品德评语作为阶段性评价,既要体现学生德、智、体、美、劳等方面的发展过程,即学生在这一学期做了些什么或付出了哪些努力,也要有一个阶段性小结,即该生的进步或不足之处,让学生和家长看到评语便能一目了然。

（三）表扬与促进兼备

煎牛排的火候很重要,不同的火候会让牛排的口感千差万别,同样,品德评语既不能是一味表扬,又不能是一味批判,也要掌握"火候"。在一学期中,学生们各有各的优点,各有各的进步之处,当然应该表扬,而且应该表扬得夸张些。略微夸张的表扬,就像煎牛排时燃起的火焰,更能激起被评价者的阅读兴趣,也更能激发出学生的正能量。

然而,品德评语也不能让学生和家长一直陶醉在胜利的甜蜜中。就像浓醇的巧克力一定要有苦味一样,班主任需要在表扬的同时提出不足和改进之处,这样学生才会有进步的空间和前进的方向。

二、莫到写时方恨迟

班级中有那么多学生,品德评语该怎么落笔? 可以从哪些方面开始着手准备?

（一）从"前任"那里寻找前行起点

写评语时,对学生知根知底很重要。如果作为新班主任的你有"前任",恭喜你,因为"前任"的评语可以提供很多参考,如学生原先的表现是怎样的,这学期是进步还是退步了。此外,还可以有目的、有计划地采访一下"前任"。如果他或她是一位有经验的班主任,就尤其要多虚心请教。在教育教学上,有优秀的"前任"何其幸哉! 在撰写评语方面也是如此。

（二）在"相遇"之时留意一举一动

如果你没有"前任",你和学生相处的每一天就都可能成为撰写品德评语的素材。从和学生相遇之时起,就要留心观察。留意学生的"一举一动",在各种活动中观察,在课堂上观察,在课后观察。学生德、智、体、美、劳等方面的发展不是一蹴而就的,这种发展存在于每一天的每一个故事中。发现这些成长的故事,就得到了品德评语的一手素材。做个有心人的同时,可别忘了做记录。

（三）从"大家"的眼中汇聚点点星光

有个词语叫"兼听则明"，在撰写品德评语这件事上，这个词语也很有用。评语不能是班主任的"一言堂"，个体的发展是多维立体的，所以，即使每天班主任进教室的次数最多，和学生在一起的时间最长，也不能保证其对学生的了解就一定是最全面的。全方位了解学生，在撰写评语时才能游刃有余。因此，可以从班级任课教师、班干部、其他学生、家长等方面出发，多角度地了解学生。借助小程序和班级群，设计一份小调查，就可以轻松地了解学生信息。从"大家"眼中汇聚的点点星光能让你的评语全面照亮学生。

下面一起来看看班主任小张老师在写评语前的一份调查，见表5-1。

表5-1 撰写评语前的调查

学生调查	这学期你最大的收获是（ ）。 你的好朋友是（ ），他/她最大的优点是（ ）。如果你有多位好朋友，就选择其中一位吧。 你在班级中的岗位是（ ），你喜欢这个岗位吗？（喜欢；想换一个，理由是_____ ） 这学期你的进步有（ ）（可写多个）。 你通过怎样的努力取得这样的进步？可挑选一个写一写。 下学期你有什么小目标吗？
家长调查	这学期您的孩子在家里能做到自己的事情自己做吗？比如，自己整理书包等。（能；不完全能；不能） 您的孩子参加家务劳动了吗？（没有；参加____ ） 您的孩子是否每天坚持？（是；否） 您的孩子每天出门、回家时是否跟家里人打招呼？（一直；有时；从不） 您认为您的孩子这学期有哪些进步？ 您认为您的孩子还有哪些方面需要提升？

小张老师从学生和家长方面进行了简单的调查。有些内容是对老师评价的佐证，可以更好地帮助老师撰写评语，提供真实的素材；有些内容则是学校里老师不能直接了解的，这对评价内容是一个补充。

三、千锤百炼出品位

有了日常的积累，做了充足的准备，品德评语的撰写就有了一个良好的开端。

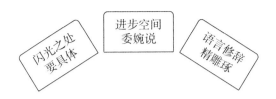

图 5-1 如何撰写品德评语

（一）结合具体事例描述闪光之处

品德评语如何发挥激励作用？恰到好处的表扬必不可少，在学生品德评语中，常常可以看到"你是一个聪明的孩子""你是一个懂礼貌的小男孩"等赞美学生的话语，这样的话语主观意味太浓。没有具体例证的贴标签式的赞美容易让学生感到表扬得来太容易，沾沾自喜之后，激励作用就会微乎其微。在描述学生优点时，还可以这样说，例如：夸孩子聪明——在你的努力下，你的答题速度和正确率都有很大的提高；夸孩子有礼貌——你见到师长总能热情地问好，每次接受别人帮助的时候都会真诚地道谢。

怎样的表扬才不会显得浮夸、空洞？结合具体事例来描述，或许可以帮你解决这个问题。

看看表 5-2 中的几组评语，你喜欢哪位班主任的品德评语？

表 5-2 三组品德评语

	班主任 A	班主任 B
第一组	你乐于帮助同学，是大家的好伙伴，大家都很喜欢你	大扫除时，你快速扫完地后，总是帮助同学一起打扫卫生，伙伴们都很感激你
第二组	你有很强的集体荣誉感，是大家眼里的好学生	你一直利用课余时间组织班级队员训练。篮球队训练取得进步时，你笑得那么灿烂
第三组	在学习上，你勤奋刻苦，是大家学习的榜样	每天一进教室，你就拿出书本开始早读。课间，你总是问老师、请教同学，从不放过任何学习上的问题。在学习方面，你真是大家学习的榜样

不难看出，在三组品德评语中，班主任 B 都结合了具体而真实的事例给予学生评价。这是在具体情境中对学生的发展与所取得的成绩的认可，这种评价的描述方式有利于使学生形成健康的自我认识，让学生意识到努力才会有进步。时间

长了,学生会发现,原来自己每一次的努力,老师都非常关注。感受到老师的关注后,学生便会朝着自己的目标和老师的期待更加努力。

(二)委婉而清楚地提出进步空间

品德评语并不是一味表扬鼓励,对学生的不足之处也必须加以提醒。指出缺点和不足之处在表达上要比表扬难得多,不痛不痒没效果,说重了又会打击学生。所以在品德评语中,既要委婉而清楚地提出进步空间,又要以建议、改进的方式来叙述,尽量不用否定词来呈现。

1. 讲究语言的艺术性

例如,班级中有个学生在老师面前做事积极,作为老师的帮手也表现得很棒,可是在同学有困难需要帮忙时却不热心甚至推脱。班主任注意到他的问题,就在评语中写道:老师要提醒你,做到表里如一,才会成为一个真正受欢迎的人!

首先,这句话就是在告诉学生:老师已经知道你在老师和同伴面前的表现是不一致的,老师认为你的行为表里不一。读到这份评语时,该学生会不会很容易受伤? 接下来,他该怎么做? 对学生来说,这无疑是一件尴尬的事情。其次,这句话中的"表里不一"一词是个定性的贬义词,仅仅基于这件事就定性该学生表里不一,显然是不合适的。其实,相较于表扬,指出不足时更应就事论事。指出不足的目的并不是单纯地给学生一个评定,而是给学生一个进步的空间。不能因为一件事而全盘否定学生,让学生失去前进的动力和信心。

日本学者平塚益德认为,教育评价是为改善学习者的学习而进行的,所以当然就会对学习者今后的学习方法做出规定。这一论断对于品德评语同样适用。授之以鱼不如授之以渔,不仅要告诉学生问题之所在,还要告诉他怎样去解决问题。我们也经常看到这样的评语:希望你改正缺点,发挥长处,争取更大的进步。这样的表述流于形式,没有针对学生具体的缺点提出改进的意见,仅仅表达了老师的期望。针对上面这位在老师和同学面前表现不一的学生,应该如何建议?

以下是另一位老师给出的评语:"你每天帮忙收发作业,从不出错。即使是你自己正在忙,只要老师需要帮忙,你每次都毫不犹豫。你真是个热心的孩子! 相信在班级同学遇到困难需要帮助时,你也一定会伸出热情的双手。赠人玫瑰,手留余香。热心为班级付出的你,一定会在助人的同时更快成长。"

相信读了这样的评语后,这个学生一定会反思自己以前对同伴的态度,进而做出改变。此时,品德评语便拥有了促进品德发展的力量。

2. 建议具有可操作性

在品德评语中指出学生不足时,除了讲究艺术性外,还要注意给学生的建议要具有可操作性。

表 5 - 3　原评语和修改后的评语

原评语	修改后的评语
希望你上课时注意力更集中些	认真听讲,积极思考每一个问题,你在学习上就会有更大的进步
希望你珍惜时间	希望你在做课后作业时能计划好时间,按时完成
希望你学习乐于助人的精神	当同学遇到困难时,希望你能伸出援助之手
希望你积极锻炼身体	希望你每天坚持跳绳 5 分钟,认真做广播体操
……	……

修改后的评语能让学生既认识到自己的不足和缺点,又了解了改正的窍门和方法。其实,很多学生并非不知道自己的缺点,只是苦于不知道如何改正。评语中对学生的指导不仅要有针对性,还要具体,易于学生操作。

(三) 不遗余力地雕琢语言和修辞

1. 用名言、诗句、成语来增色

品德评语是一种无声的交流语言,怎么样使它更有穿透力和感染力? 要使它既具体又生动,可以尝试借用名言、诗句、成语等来增色。首先,名言、诗句、成语等通常篇幅短小,符合评语要简练这一要求。其次,名言、诗句、成语中包含许多做人、做事的道理,结合学生的具体表现来表达,可以增强说服力。

例如:勤奋学习——书山有路勤为径,学海无涯苦作舟;相互帮助——与其锦上添花,不如雪中送炭;不断攀登——欲穷千里目,更上一层楼;珍惜时间——少壮不努力,老大徒伤悲;奋发向上——百尺竿头,更进一步;充分准备——磨刀不误砍柴工……

2. 用比喻、排比、对偶添韵味

此外,还可以恰当地运用一些修辞手法。委婉幽默的语言往往更耐人寻味,使评语散发出更大的魅力,收到事半功倍的效果。

表 5-4　评语中的修辞手法

修辞手法	举例	作用
比喻	你是一条一天到晚游泳的鱼,游过狭窄的江面,奔向广阔的大海	形象生动的比喻可以化抽象为具体,便于理解接受
排比	动人的歌声唱出你对生活的赞美,周密的思考透出你对学习的执着,深沉的文字溢出你对文学的热爱	排比句式在增强语气的同时,还体现了教师对学生的细致观察,能从不同角度概括出学生的优点和缺点,而学生在阅读过程中也享受着一种行文美的流畅
对偶	欲知千古事,须读五车书	工整的句式、简练的语言在传达着丰富含义的同时,也闪耀着班主任智慧的光芒

作为教师,教学生几年,就要想到学生的几十年,甚至是一辈子。同样,作为班主任,撰写品德评语时除了要着眼于一学期的得失外,还要考虑到学生整个学段的发展,品德评语的撰写要有延续性、整体性。几年下来,一个学生的评语一定是全面体现了其德、智、体、美、劳等方面的综合发展。

撰写品德评语是体现班主任综合素质的技术活,因此,要做有品位的班主任,写有品位的评语。

小贴士:

• 每个学生都是独特的个体,班主任撰写评语时,学生的一言一行若都能浮现在心里,品德评语自然就会水到渠成。

思考题

学生小张在班级里没有朋友,因为他与很多同学都发生过矛盾。学期结束时,班主任要如何为他撰写评语,合理引导小张正确与同学相处?

（上海市金山区前京小学　丁鑫美）

话题 14 教育随笔记录心得

 **问题导引**

如何养成教育随笔这个好习惯？

如果说品德评语是每位班主任的必修课,教育随笔则是班主任的自修课,是其教育生涯中的一场笔尖上的修行。每位班主任的教育随笔都一样吗? 教育随笔有什么作用? 教育随笔记录什么? 怎么记? 本话题将一一解答这些问题。

一、教育大咖的教育随笔

打开购书网站,搜索"教育随笔",便会跳出许多关于教育随笔的专著。

比如,《潺潺清泉——李吉林教育随笔》这本书精选了李吉林先生代表性的随笔作品,有的侧重于教育教学,有的阐述对儿童的认识,有的抒发对教育的真情……反映了李老师在探索情境教育过程中的真实感受。一位儿童教育家的教育情怀如潺潺清泉滋润心田。

再来欣赏一位新锐校长郑杰的《给教师的一百条新建议》,这本书分为四部分:"教师作为一个完整的人""教师作为一名称职的员工""教师作为一名理性的教育者""教师作为一种自由职业者"。具体包括教师发展与学校建设方面的话题、教师应如何进行艺术性的教育教学活动、教师应如何对待自己的职业……

教育大咖看似随随便便的一笔,其实都与他们专注的研究方向有关。李吉林先生的"情境教育"如此,郑杰校长的"新建议"亦是如此。

二、一线班主任的教育随笔

一线班主任,尤其是初任班主任,也许暂时还没有找到自己的研究方向和感兴趣的研究点,但日常工作中会有许多灵感,进而在工作中寻得写作方向。

相较于教育大咖的教育随笔,一线班主任可以从教学工作、家校工作、个别教

育、班集体建设等角度积累素材。

【案例】

习惯培养和情商教育

行为习惯的培养是一种规范,可反复练习而成,而情商教育则通常在真实情境中获得。今天放学后的一幕,让我觉得在家庭教育中二者或可兼得。

"小颜,奶奶忘记时间了。等多久了?书包背得累不累?要不要奶奶帮你拎?"晚来接孩子的小颜奶奶并没有在和老师打完招呼后就带着小颜回家,而是有意或无意地关注到小颜的感受。这几句看似宠爱的话,及时地安抚了小颜。

还记得在家访时,小颜给老师倒茶后,接着又给奶奶倒了一杯茶,马上就得到了奶奶的感谢。小颜不是被忽视的,她的感受是得到重视的,她的劳动是受到感激的。这又何尝不是一种情商教育呢?长此以往,小颜也就学会了关注别人的感受,如关心奶奶在小区工作后又赶过来接她会不会很累,又会很贴心地告诉老师她可以自己在学校门房间等家长……

好习惯的培养和情商教育都是一个潜移默化的过程,二者都不是一朝一夕就能形成的。在家里,小颜做的一些小事看似是小颜养成的一种行为习惯,但久而久之,她便学会了尊重长辈、热情好客。孩子的情商自然会在点滴的行为习惯培养中得到提高。

好的行为习惯可以为情商发展奠基。行为规范的培养应是情商教育的重要内容,而情商教育也可以成为培养良好行为习惯的途径。

(丁鑫美)

三、教育随笔概述

(一) 什么是教育随笔

随笔是散文的一种。教育随笔是指关于教育观点、教育思想的随笔。主要特点是主题小,篇幅短,层次和结构比较简单,内容单一,涉及面小,写作材料便于收集、整理和使用。

对事务繁杂的班主任来说,教育随笔无疑是最有亲和力的。它不拘一格,形式多样,像老友一样,可促膝长谈,也可只言片语;可独到深刻,也可痛快淋漓。

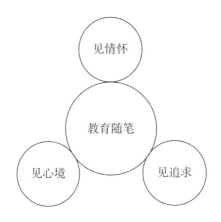

图 5 - 2　教育随笔的内涵

(二) 教育随笔的作用

教育随笔是班主任的一笔财富,从功利角度来说,它是班主任创作的基础,对案例、论文、课题等来说都是一种积淀。作为班主任,提升自身素养和加强班集体建设是硬道理。因此,教育随笔对班主任自身素养、对学生、对班级都有极大的推动作用。

图 5 - 3　教育随笔的作用

1. 班主任的"反思墙"

"吾日三省吾身"是古人提炼出的做人的道理。无论是班主任还是任课教师,都是在反思中不断成长的。新课程改革也提出,反思是教师自我成长的重要手段之一。班主任把日常教育过程中的困惑、经验、不足等记录下来,思考、记录的过程就是班主任对自己教育工作的总结,有助于自身的发展。在日常教育教学中,班主任对教育教学经验的总结、对新问题的分析与研究,从中得到的新见解和新观念,可以促进班主任对教育工作的反思,从而避免教育过程中重复出现的失误,促进教育工作质量的提升。如果在教育随笔这面"反思墙"上留下一道道清晰的痕迹,随着时间的推移和经验的积累,班主任的教育境界将会不断提升。

再来看一位初任班主任的随笔：

开学才两周，我便收到好几位家长要求调换座位的短信。一条条情真意切的短信，看似都合情合理，不容拒绝。短信中有要求往前换的，有要求往后换的，还有要求换到中间的。有说孩子视力不好的，也有担心孩子以后视力会不好的，还有想挑选一个好同桌的。

连续好几天，我都在"动之以情，晓之以理"的短信中来回解释。虽然结果是家长都无奈地接受了我的安排，但我总觉得"安排位置"这件看似简单的事情其实并非我想的那么简单。

这位班主任的随笔看似在吐槽班主任工作的繁杂，但却是带着思考的吐槽。他已经开始反思自己的工作，至少他知道安排座位其实并不简单。下一次安排座位时，这位班主任也许会有更好的方法。

2. 学生的"成长路"

教育随笔记录最多的肯定是可爱的学生们，他们的成长带给班主任一路的惊喜。从一个遇事就发脾气的男生到处处为同学和班集体考虑的"暖男"，这中间发生了什么？一位班主任记录了她在男生个性培养方面所作的努力和学生的系列反应。

以下是其中的一个片段：

昨天，小张在同学们传本子后大发脾气，原因是他的本子滑到了地上。事后，他仍然像往常一样承认了错误。作为他的班主任，我已经听到他承认错误好多回了，仅仅是口头上的认错明显不足以改变他乱发脾气的问题。在他又一次承认错误后，我便对他说："'君子一言，驷马难追'这句话的意思你知道吗？"他很快便回答我说："知道的，就是说话要算话。"我趁热打铁："那你作为一个男子汉，能说话算话吗？""能！"他不假思索地回答道。"好！真不愧对'男子汉'这个称号，但万一你没做到呢？""我会说到做到的，做不到我认罚。"性格直率的他又说。我说："怎么惩罚你呢？你这么高的个子，力气肯定很大。到时候就为班级干点力气活儿，你愿意吗？"他说："好，行！"

等小张走出办公室，我便开始筹划他下次接受惩罚的任务。不能太轻，也不能太重。脾气不能坚持不发，活儿可以让他坚持干。

学生的成长给了班主任很多教育随笔的素材，同时教育随笔也成了学生成长的见证。随笔中的点滴思考都将化为实际，并促进学生的发展。

3. 班集体的"百宝箱"

班主任和班集体的成长是相辅相成的。一个班集体就像一个大家庭,数不清的故事在班集体中诞生,很多故事都值得被写成教育随笔。在这个"百宝箱"里,班级文化、班级活动都不会随着时间的流逝而消失,班级的成长可以跃然纸上,历历在目。几年后,当你准备又一轮的班主任工作时,可以想一想上一个一年级你是怎样带班的。

上文中的那位深深为安排座位而苦恼的班主任,几年后,他又担任了一年级班主任。当他回忆当年吐槽的"换位置"事件时,他的"百宝箱"里便又能再添上些"宝贝"了。

四、教育随笔记录什么

为什么有些班主任的教育随笔可以变成案例、论文、课题等素材,而有些则成为"小学生日记",完成任务后就失去意义了? 究其原因,问题就出在内容上。什么样的内容能让教育随笔有意义? 教育随笔可以记录些什么?

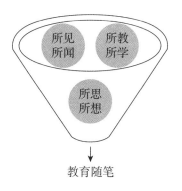

图 5 - 4 教育随笔记录什么

(一) 所见所闻有新意

有的班主任说,工作中的见闻都是鲜活的素材,随手就能记录下来。虽然这种说法不可否认,但是班主任的见闻也有很大的局限性,因为面对的是同一个班级的同一批学生,甚至每天的工作都在不断重复。因此,班主任的见闻就显得不那么鲜活了。有新意的见闻才是我们需要的教育随笔素材。

以下两则见闻,你觉得哪一则更适合作为教育随笔?

表 5-5　两则教育随笔

班主任 A	班主任 B
这周轮到小张老师的班级承办升旗仪式,主题是"宪法宣传"。升旗仪式上,同学们的表现非常精彩,有语言类节目,也有舞蹈类节目,而台下的师生也看得津津有味。真是一次成功的升旗仪式	这周轮到小张老师的班级承办升旗仪式,主题是"宪法宣传"。这原本是一个学生比较陌生的话题,但是相声表演这一节目形象生动地演绎了宪法与学生的生活息息相关。因此,整个升旗仪式非常成功。看来,在教育过程中,活泼的教育形式有利于学生更好地接受内容

很显然,班主任 B 的观察点更为新颖,他关注到如何把学生不熟悉的活动内容用活泼的活动形式呈现出来,并让其接受。相比较而言,班主任 A 观察到的现象就显得较为普通。

(二) 所教所学有突破

育人既是教育的根本使命,也是学科教学的根本价值所在。学科育人包括学科知识育人、学科技能育人、学科活动育人、学科思想育人、学科文化育人和学科生活育人等。

有位班主任在一节语文课后写下了这样一段话:

《从现在开始》这篇童话故事的内容浅显易懂,文以载道。教学目标除了字词的学习理解外,还有一个很重要的情感目标,即理解小猴子当选万兽之王的原因是尊重他人的生活方式。为了达成这一情感目标,我充分利用了故事的情境,让学生在情境中读、在情境中演,把自己当成故事中的小动物,体会小动物们一开始的"苦",进而明白后来小动物们拥戴小猴子的原因。

朗读、表演都是学科技能,让学生在习得技能的同时明白人与人之间的相处之道。这位班主任在日常教学中有意识地将学科教学与德育有机结合,在教学中有突破,并及时做好了整理和记录。

同时,班主任在学习的过程中也能积累很多教育随笔的素材。比如,遇到难点、新知识点、新观点或者是对自己教育教学有帮助的,都可以随时写一写。

(三) 所思所想有深度

要写好教育随笔,班主任必须有自己独到的见解,有善于发现的眼睛,还要有善于思考的大脑。

再来看看那位被安排座位困扰的班主任是怎么解决这个看似简单却很棘手的问题的：

为什么会有这么多家长来找我给孩子换位置？我问了其他班主任，他们纷纷表示这种情况有很多。说起解决办法，大都可以总结为："苦口婆心，耐心解释。"如何能避免这一现象呢？也许，一开始作为班主任的我们就没有做到位。虽然家长会上强调没有特殊情况不能随意调换位置，但是，家长又何尝不认为他们遇到的就是特殊情况呢。对的，每一种情况都是特殊的。因此，就要讲清楚什么是特殊情况，比如，前面有比自己孩子高的同学，医院证明孩子视力缺陷且无法矫正……那样，家长就会比较明确什么情况下可以和老师商量调换位置。只做到这点，可能还远远不够。在家长会上，班主任要把要求给全体家长说清楚，告诉家长换座位这项规定是班级规定，适用于所有学生，请所有家长监督执行。这样一来，换座位的现象应该会少很多吧！

在这篇教育随笔中，这位班主任对"家长要求换座位"这一现象进行了深度思考：现象背后的问题是什么？解决问题的对策又有哪些？看完之后，作为班主任的你是不是也有所启发。

五、如何撰写教育随笔

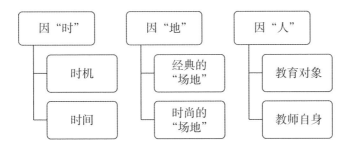

图 5-5　如何撰写教育随笔

（一）因"时"

1. 时机——抓住课堂上或活动中的生成

课堂上或者是活动中的生成是教育随笔中的一个个惊喜。班主任可以留心这些教育教学中的动态资源，及时捕捉精彩。

一位班主任在一次趣味运动会上发现学生小张在爬行比赛中获得了很好的成绩，随后表扬了小张。小张就很得意地说："我最喜欢爬了。"该生在班级中的表现却很令班主任头大,课间经常在班级地面上爬来爬去,且屡教不改。班主任想到这儿,便对小张说:"我们每年都有这样的运动会,希望你自由活动时到操场上多练习,下次还可以为班级争光。"虽然是不经意的一句话,但小张听到后很激动,连连点头。就这样,班主任和小张约定今后不在教室里爬来爬去,有空的时候到操场上练习。

2. 时间——捕捉思想火花迸发的时刻

思想火花迸发时是撰写教育随笔的最佳时刻。如果此时没有时间静心写作,就可以先把关键词、关键事件记录下来,再找一个最近的空闲时间进行创作。教育实践中的见闻、体会、意见、看法等,这些稍纵即逝的东西若不及时记录,再回首时就会失去当时的韵味。

(二) 因"地"

怎样才能积累更多的教育随笔素材?除了"随时"外,还要做到"随地"。

1. 经典的"场地"——本子

"好记性不如烂笔头",因此,身边一定要有一本小本子,简单的几笔也许就会给你的"灵感"安个家。

2. 时尚的"场地"——语音

有位班主任说:"我们全天围着学生转,特别是遇到活动时,哪有时间拿出本子一笔一笔记录呢?"别着急,在高科技时代,不怕做不到,就怕想不到。拿出你的录音笔、手机等具有录音功能的科技产品,就能随时随地记录。录音时,别忘了在开头给录音拟个临时的语音标题。

(三) 因"人"

1. 教育对象

班主任的工作对象是班级中的学生,他们充满无限的可能,不可复制。在撰写教育随笔时,可以有意识地给随笔做好分类,写个标题,列出目录。这样,以后需要用到这些素材时,就可以很快找到。

一位小学班主任这样编写了一部分关于学生成长的随笔目录:

标题:写给不一样的你们。

目录:1.常给大家温暖的你;2.有些爱发脾气的你;3.总是姗姗来迟的你……

这样的标题和目录可以有效避免写完教育随笔后,再到要用时却找不到的尴尬,可以根据自己撰写的内容配以合适的标题和目录。

2. 教师自身

教育随笔要写出班主任自身的特色,在形式上,有的班主任擅长叙事,就可以多写教育教学中的事件,借事说理;有的班主任擅长议论文,就可以夹叙夹议,娓娓道来。撰写教育随笔时,内容也是因人而异的。

坚持不懈,点滴积累,让撰写教育随笔成为教育生涯的一种职业习惯。年轻的班主任们,可以从今天开始写下成长轨迹,留下宝贵财富。

小贴士:

• 教育随笔贵在坚持,日积月累,必有所成。

思考题

班主任小陆老师新接了一个全校公认的年级中最令人"头疼"的班级,你认为疲于应付班级日常工作的小陆老师应该怎样撰写教育随笔?

(上海市金山区前京小学 丁鑫美)

话题 15　教育案例促反思

 问题导引

什么是教育案例？如何撰写教育案例？

在学校教育过程中，每时每刻都会产生许多值得思考、研究、回味的故事。在这些教育故事中发生的问题、矛盾和困惑，由此产生的一些想法、思路和对策，对班主任而言，及时积累这些内容，必定会助力自己的专业成长。因此，除了培养撰写品德评语和教育随笔的习惯外，还要学会写好教育案例，这是专业成长不可或缺的重要途径。

一、拨开云雾识案例

案例一词最早源于哈佛大学法学院，其英文为 case，后被广泛用来教授学生实践的主要观点、技能和隐含的原则等。20 世纪 70 年代，被逐步运用到学校教育领域。一般而言，教育案例是指在教育实践过程中真实发生的，还存在问题或疑难情境的典型性教育故事，是在一定情境下，对事件发生过程的真实记录、深入分析和理性升华。

简而言之，教育案例就是叙述在教育过程中"出人意料但又合情合理"的教育故事，在这一过程中集中体现了教师的教育行为和教育思想。

从这个定义出发，不妨从以下几方面对教育案例再作进一步的"透析"：(1)教育案例一定与教育的实践密切相关，它真实地记录教育的情境和行为；(2)教育案例不是简单的教育实录，也不是班主任的教育个案，它是以真实的教育事件为基础，再对教育过程进行提炼和加工，探寻和解决疑惑问题的途径方法；(3)教育案例是班主任使命意识的呈现，它通过一个完整或局部的故事，反思教育行为，进行深刻思考，进而影响教育实践。

了解了教育案例的内涵之后，可以更清晰地意识到撰写教育案例对班主任而言是一种反思、一种积淀、一种实践的提炼。当成为一名班主任的那一刻起，每一天都会伴随着一个个具体教育问题的呈现与解决而不断获得成长，这是一个循序渐进、不断积累的过程。在这个过程中，班主任需要用一种方式来引导自己，提炼教育经验，完成自我反思，形成新的知识与见解，以更好地实现专业发展。撰写教育案例无疑是促使理论与实践相沟通、相融合的最优方式。

通过撰写教育案例，班主任可以在以后的教育过程中更好地处理类似问题，也可以不断收集和积累素材，将教育理论和教育实践紧密结合，更好地调整自己的教育行为，反思自己的教育实践，在不断研究和完善自我中将内在的感性经验显性化，将成功的经验固定化，使自身逐步走向成熟、优秀。

二、"分厘清晰"明案例

面对每日层出不穷的教育状况，是否每一个问题都能成为案例的素材？虽然对班主任而言选材范围十分宽泛，但不是任何一个事件都能成为案例。如果选择的事件只是纯粹事实的描述和罗列，其意义就十分有限；如果选择的事件极为罕见，就会缺乏普遍性。因此，收集教育案例的素材，合理选材很重要。

（一）倾听内心的声音

在收集教育案例素材的过程中要多观察、多倾听、多思考，可以尝试对自己提出诸如下列的质疑：(1)这个事件对我产生情感冲击了吗？(2)这个事件是否呈现了我难以解决的困境？(3)这个事件是否难以让我做出抉择？(4)我是否对问题的解决方式感到不满意？(5)这个事件是否具有道德或理论上的启示？

在收集素材的过程中更要注意坚持记录、突出重点，要写清楚相关人员的特点，包括语言、行为、效果和相互关系等，特别要记录收集素材时自己的难点、疑惑或启示，便于在记录结束后再梳理、思考、提炼。

（二）聚焦价值性问题

教育案例要包含"问题或疑难情境、真实性、典型性"三个要素。先来看看下面的素材：

班里有位学生因为生病不得不休学，同学们主动前去探望，并写倡议书号召大家捐款。在儿童节当天，班级派学生代表去给该学生过了一个难忘的儿童节。

对照案例三要素分析这个素材后可以发现，这个素材没有包含"问题或疑难情境"。如果要把这个素材作为案例,就需要进一步修改提炼。

表 5-6 原素材和修改提炼

原素材	修改提炼
• 班上有个学生生病休学了,其他同学主动捐款,自发看望; • 班级派代表去给这个学生过了一个难忘的儿童节	• 问题聚焦:虽然班级温馨教室创建一直在进行,但为什么没有取得明显效果; • 心系伙伴:得知小姚同学病后,同学们表达关切之情——相约去看望小姚; • 发出倡议:(学生)主动要求发出倡议,班主任给予支持; • 携手成长:儿童节召开特殊主题班会,派代表陪小姚一起过节——小姚感受到来自小伙伴的温暖; • 反思:德育效果具有滞后性和潜隐性,德育效果的显现具有条件性和时机性

因此,并不是所有素材都能成为案例。收集素材后,要对素材作进一步筛选。

事件是否包含了一个或多个疑难问题?没有问题的事件不能成为案例,因此素材要具有"问题性"才能成为案例。这些问题常常与教育改革的核心理念、实际的教育活动和教育管理中常见的疑难问题以及容易引发困惑的事件相关。

事件是否具有一定的代表性,能在一定程度上反映事物的本质?选材一定要隐含普遍存在、大家关注的问题。因此,要选择具有代表性的典型材料,舍弃一般性材料,并对选取的材料进行再加工,删除片面的、表面的、偶发性的材料,使得材料更具有典型性,更能反映事物的规律性。

事件是否能引发人们的思考,供人借鉴?所选素材在教育思想、方法、手段和原理上能开拓思路,启发自身或他人进行创造性思考。

在素材资源中筛选出有效内容后,就可以针对教育现象进行深入研究,明确要解决的问题,然后提炼出具有新意、与时俱进、符合教育规律和指导意义的素材。

(三) 掌握组材的方式

教育案例的组成要素一般包括以下几方面:主题背景、问题与故事、解决方法或拟解决方法、分析与反思等。

1. 主题背景撰写

教育案例都应有一个鲜明的主题,因此在设计题目时,不妨像李老师这样,可以先考虑案例所要反映的问题——培养男生的阅读兴趣。确定好主题后,再根据主题选定最有感受、最具启发式的角度切入——微信打卡,最后拟定题目。这样,设计的题目主题鲜明,让人看了题目后就有想看正文的欲望。

【案例】

百日阅读齐坚持　微信打卡共成长

6月中旬,班里许多男生的妈妈都跟我说,她们家孩子不愿意阅读,更愿意玩手机。暑假就要到了,离开学校,如何培养男生的阅读兴趣,引导他们爱上读书?

我们班的家长非常热心,乐于参与班级的各项活动,很多家长对于教育也有自己的思考。如何整合家长资源,促进学生更好地阅读,实现家班共育?男生妈妈的困惑引起了我的思考。

(李　佳)

在介绍案例的背景时,就像上述案例一样,不用面面俱到,重要的是说明事件的发生是否有什么特别的原因和条件。

2. 案例描述

"情境描述"是案例构成的主体,包括案例中的问题与故事、解决方法或拟解决方法等主要内容,在撰写时要做到客观冷静。

【案例】

数学小组初见收获

我们班有50个学生,人数较多,数学课上的40分钟有时不能完全实现分层教学。对于每天布置的作业,一部分数学思维好的学生在学校就能完成。这些学生还愿意尝试更难的题目,如何让他们进行思维拓展,借助什么载体能促进他们的成长?

2018年5月中旬,我挑选了18个数学思维比较好、喜欢数学、乐于钻研的学生,建立了一个数学成长小组微信群。每天发布一道拓展题,受到家长和孩子的欢迎。每天晚上6点发布一道难题和答案,孩子们每天都得完成。很多孩子不用家长督促就会自觉完成,他们觉得跟同学们每天共同挑战一道拓展题很有意思。对于一题多解的题目,孩子们也会积极在群里晒出他们的方法,供大家参考。6月底的期末考试中,年级里数学满分的有15人,我们班有11人,其中有10人出自数学成长小组。

一、数学成长小组的经验能复制吗

带着这样的思考,我对有领导能力的小高妈妈(有一对龙凤胎,都在我们班)说:"前一段时间,孩子参加数学成长小组时的积极性怎么样?"

小高妈妈说:"两个孩子很感兴趣,遇到问题时,总会积极讨论呢。李老师,我是不是也可以建立一个男生阅读打卡群,暑假里带着他们一起读书呢。"小高妈妈的想法和我不谋而合。说干就干,我和她商量了借助微信打卡群这一载体进行阅读的探索。小高妈妈当群主,我来做幕后协调。我和她确定了具有同样问题的男生作为打卡群的成员,家长们也最好是热心参加的。小高妈妈负责建群,并和另外8个男生的妈妈商量暑假如何打卡。

小高妈妈是一个行动力很强的人,她在网上学了5天的打卡群创建课程。同时,我去和语文老师商量阅读的篇目和内容的选择。我没有进入打卡群,因为希望家长可以畅所欲言。但我会定期向小高妈妈询问群里的情况,帮着她与各位家长积极沟通。

二、成立男生读书群

由9个男生组成的男生读书小组成立了,小高妈妈创建了阅读打卡群(家长和孩子都在)和家长群(只有家长),并发布了群规,要求家长们每天积极为孩子们的阅读点赞。孩子们从《论语》和散文读起,每天的任务不同,有时是音频,有时是小随笔,每天晚上8点前必须打好卡。小孙妈妈协助发布任务和督促孩子们;小武妈妈是一位语文老师,定期在群里点评孩子的文章,根据孩子们的阅读,及时调整方向。7月中旬,小高妈妈给我发来了孩子们写的作文,高兴地告诉我,她们好像看见了他们阅读的希望。看见男生们的成长和进步,我很开心,也有了新的思考。

三、成立"好读书"女生读书群

7月中旬,当看到男生们每天坚持打卡并取得了一定的效果后,我想,是不是也可以成立女生读书群呢。我与一位喜欢阅读的小刘爸爸取得了联系,他也觉得小刘进入初中后阅读没有以前多了,随着孩子自我意识的发展,好像也没有原来那样喜欢阅读了。我把男生读书群的做法跟小刘爸爸交流了一下,小刘爸爸非常赞成我的建议,他觉得应该寻找一些阅读水平接近的女生组建一个阅读打卡群。

小刘爸爸马上着手建立了相关微信群,并为之取名"好读书"。简单来说,这个名字有三层意思：一是希望孩子们能好好读书；二是希望她们能爱好读书；三是把"好"拆开来，变成"女子读书"，正和女生群相暗合。我让小高妈妈做小刘爸爸的技术支持（小高妈妈的女儿也是"好读书"女子读书群的成员），他们和两个孩子一起商量了11位成员。

建立这样一个读书群，对小刘爸爸来说，既感到光荣，又有些压力，生怕辜负了老师、家长和孩子们的期望。古人云，"取法于上，仅得乎中"，因此小刘爸爸努力推介经典作品给孩子们。为了满足不同孩子的多元要求，给她们提供多方面的信息，小刘爸爸不断丰富打卡的内容：有鲁迅、胡适、冰心、培根、欧·亨利等中外名家的经典短文，同时穿插多个热点新闻，比如，长春造假狂犬病疫苗事件、九岁脑瘫女孩被溺亡事件等，也有获全球102个国际奖项的经典动画短片《雇佣人生》，还有当时非常热门的电影《我不是药神》，内容可谓五花八门，精彩纷呈。女生们打卡就是作品点评，说好50字简单评论，很多人都写到了二三百字，甚至更长，评得不亦乐乎。同时，小刘爸爸也呼吁家长一起给孩子们点赞点评。这样一来，生生之间、家长和孩子之间的交流也越来越频繁。良好的互动，拉近了彼此的感情，促进了大家的共同成长。

四、问题初现，积极调整

8月初，我分别给小刘爸爸和小高妈妈打电话，询问两个打卡群的进展。我发现"好读书"阅读打卡群的起点比男孩阅读打卡群的起点高，因此担心小刘爸爸一个人太辛苦。

小刘爸爸对我说，这个群的发展一开始还好，但也渐渐有了些问题。打个简单比方，一个人请客吃饭，但买菜、做菜、上菜就他一个人，既要选作品定内容，又要设计阅读提示，还要负责及时发布，确实有点力不从心。我立刻联系我们班的小王爸爸和小钱爸爸，他们的女儿也喜欢阅读。特别是小王爸爸从幼儿园到小学5年级为孩子写了80万字的口述日记，在阅读方面也有很多思考，女儿小王已经阅读了1000多本书。

小王爸爸和小钱爸爸觉得阅读打卡群这个创意非常好，他们和小刘爸爸组成了"好读书"阅读打卡群的领导小组。

五、组建团队，共促发展

小王爸爸认为要有更多的家长参与进来，进行明确的分工。因此，三位爸爸成立了核心组，又邀请了三位妈妈成为工作组成员。核心组主要负责选文章，工作组负责推送文章、作者介绍、背景资料等。暑假里,我与三位爸爸用了半天的时间进行讨论,开展头脑风暴,最终达成了一些共识。比如:选文主要针对名家名篇;文章以短文、千字文为主;文章的点评或阅读感受应尽量简短,一般50—100字即可;等等。

三位爸爸在实践过程中又作了一些完善和调整。比如:对初中和高中所有的语文课文进行了梳理,选文时更侧重于语文教材中出现频率较高的作家;考虑到开学后学习任务比较重,爸爸们将任务调整成平时可以朗读一小段美文即可,双休日再写一些点评或阅读感受;除了选名家名篇外,还增加了诗词。

六、线上线下,一起成长

小高妈妈和小孙妈妈为男生阅读群付出了很多时间和精力,其他几个家长都说这个集体太温暖了,也要贡献自己的一份力量。小黄爸爸对我说:"李老师,我现在每周六带孩子们运动,组织了一场篮球赛,下周计划和小王爸爸带孩子们去体育场踢足球。"我跟小徐妈妈说:"男生们如果阅读打卡完成得比较好,就可以获得奖励。你可以设计一个短途旅游来激励孩子们。"小徐妈妈说:"你这个建议太好了,我和小高妈妈商量一下,把这件事提上日程!"

8月下旬,我看见这些妈妈们朋友圈里发的照片,不仅去漂流了,还在宾馆里组织了一场读书交流会。看着照片中孩子们认真的样子,我真的觉得这个暑假里他们成长了许多!

8月底,男生群的小俞妈妈跟我说:"这个暑假我倍感温暖,微信群成了我们的精神家园,我们9个妈妈也成了闺蜜。我英语还行,因此想跟您商量一下,寒假里我们的英语阅读打卡群也要上线了,我也要为孩子们的成长贡献一份力量!"

9月开学了,小高妈妈和小刘爸爸都表示要继续坚持,让孩子们每天用5—10分钟,继续与阅读为伴,共促孩子的成长。

七、辐射:经验分享,共话成长

在11月底的学校德育展示中,我们班以微信群为载体,以"建立成长共同体,促进学生成长"为主题,向全区进行了展示,我校各班家委会主任也参加了本次活动。我、小高妈妈、小刘爸爸、小王爸爸、小何同学分别进行了交流。小何同学谈道:"昨天是我坚持打卡的97天。参加'好读书'阅读打卡群,在收获知识的同时,我还懂得了分享。每天在紧张的学习之余,能和同学们一起分享读书心得,学习她们的长处,改进自己的不足,是一种很好的经历。有这样一个群,更让我懂得了感恩,感恩老师的良苦用心,感恩我们背后家长的默默付出。是他们精心为我们挑选合适的素材,每一篇文章、每一首诗歌都给了我新的感受。我也希望我们的打卡群能坚持下去,有更多的同学能加入打卡群,我们一起阅读,共同成长!"

会后,很多班主任、语文老师都跟我交流,觉得这种阅读打卡的形式很创新,可以更好地借助同伴的力量,通过习惯的培养、阅读的熏陶来促进孩子快乐成长。小袁老师也仿照我们班的形式开展了英语阅读打卡群活动,受到家长和孩子的欢迎。

(李　佳)

从李老师的案例中可以发现,案例要具备真实性和完整性这两个必要的条件。在叙述事件时,教师应站在旁观者的角度,不带主观色彩地描述事件。同时,从上述案例的各个小标题可知,这个案例构成的人物、时间、地点、事件以及这些要素构成的情节和矛盾冲突,这些元素的存在使得这个案例形象、生动,有吸引力。此外,叙述的事件要中心明确,也要真实地反映学生、家长在教育过程中的想法和感受。

3. 分析与反思撰写

案例最后的"分析与反思"是对案例的多角度阐释,可以是对教育行为的分析,也可以是对教育结果的回顾或是对教育思想的反思、所揭示的本质的提炼等。值得大家注意的是,"分析与反思"是剖析隐藏于教育事件背后的观念、思想和规律的具体环节,是对教育实践的批判性认识与理性分析。因此,它需要案例的记录者有目的地对教育过程进行理性的观察和分析,体现从具体到抽象、从分析现象到认识本质的研究思路。

【案例】

青春期学生该如何教育

青春期学生与老师较劲是经常发生的问题,青春期的发展是非常复杂而又充满矛盾的,所以又称为"困难期""危险期"。主要特点是身心发展不平衡、成人感和半成熟现状之间错综复杂的矛盾,以及这些矛盾所带来的心理和行为的特殊变化。下面,我将谈谈自己对"青春期学生与老师较劲"这一问题的看法。

一、学生看得见"老师的心"

你对学生真心,学生迟早会接受并回报;你对学生耐心,学生迟早会被感化;

你在学生面前虚心,学生会更加敬重你。反之,你对学生不关心,学生会疏远你;你对学生不真心,学生会鄙视你。总之,老师真正用在学生身上的一片赤诚之心,学生会懂得、理解和珍惜,不过这种懂得、理解和珍惜有个迟与早的时间差罢了。别和青春期学生较劲,因为他们现在的"错"也许根本谈不上是错,只是他们选择了不合适的方法。对他们宽容一点和仁慈一点,他们会感激我们的,只是他们没有找到合适的方式来表达自己心中的爱。我相信,只要真心地爱他们,总有一天他们会有所明白!

二、分层评价是树立学生自信心的良药

苏霍姆林斯基说:"只有能够激发学生去进行自我教育的教育,才是真正的教育。"德育工作的主要任务是提高学生的思想政治素质,帮助学生树立正确的世界观、人生观、价值观。以一个标准对不同学生的道德行为进行评价,是不利于道德情感的激励与培养,不利于所有学生的道德发展,尤其不利于后进生的发展。所以,德育也应当分层评价,这样可以尊重学生个体间的差异性,使每个学生都有机会得到进步的肯定,及时得到道德需要的满足,从而及时得到积极的情感体验,获得自信和更大的进步。

三、理解学生心灵的成长需要适度宣泄

每个人心中都会产生不满,青春期学生尤其是这样的。不满情绪要有发泄的渠道,就如同气球,只充气不放气,迟早会爆炸。家长、老师经常会在不知不觉中把听的义务强加给孩子,把说的权利留给了自己。慢慢地,孩子的心就和我们形成一个不可逾越的屏障。青春期学生最有想法而又很不成熟,最爱发表看法而又不容易表达准确,做事最容易冲动。他们的内心需要宣泄和释放,而说出来或者出现一些行为偏差都是一种释放,释放出来就会化解心灵上的郁结。只有让他们敞开心扉,把心里话说出来,把行为表现出来,我们才会知道问题在哪里,才能为我们打开实施教育的通路。所以,要用真心去倾听他们的意见、观察他们的行为、理解他们的宣泄,和他们进行坦诚平等的沟通。其实,孩子们每天都在寻找别人的理解,盼望公正的评价。

四、教学生学会自己管理自己

许多老师抱怨:"学生越来越不像话,班主任不在就管不了……"因此,班主任总是任劳任怨,不停地为班级忙碌。与其让自己劳碌地管理学生,不如教学生学会自己管理自己。对青春期学生来说,无论是从时间上还是从空间上,都应该给他们宽松的余地,绝不要管得死死的,要让他们学会自己管理好自己的事情。然而,大多数班主任有很多的不放心,总是替学生安排这个安排那个。他们一天在学校学了很多的知识,已经非常疲劳,回到家后,家长又说该学习了,该做作业了,等等。因此,学生的独立性就很难建立起来,时间久了,不但不能管理自己,而且可能表现出非常强烈的逆反心理。培养学生的目的在于让他的潜能最大限度地发挥出来。所以,要教会他们正确认识自己和管理自己。就像教育学家孙云晓所说的:"正确评估自己,勇于面对自己的不足,快乐踏实地做好自己的事情比什么都重要。"

(金丽华)

写好案例的"分析与反思",一般按照"聚焦问题、个性化分析、共性化提炼"这三步走。不妨针对问题去学习相关理论,通过选择教育学、心理学、社会学等不同的理论视角,剖析问题的成因,提出问题的解决思路和方法,进而揭示教育事件中所蕴含的意义和价值,进行共性化提炼。

三、"成竹于胸"写案例

根据教育案例的组成要素,一般完整的案例结构为:题目—主题背景—情境描述—问题探究—分析与反思;常见的表现形式有:案例背景—案例描述—案例分析,案例过程—案例反思,案例—问题—分析。

在具体撰写时,不必完全拘泥于此,可以根据案例的实际特点与自己的写作习惯来确定。可以先是整体的"案例呈现",然后是"分析与反思",即先叙后议;也可以在呈现一部分案例内容的同时,插入"意图说明"或"分析与反思",即夹叙夹议,最后总体评述与提炼。无论采用哪种撰写方式,一般而言,都是先呈现案例,再作理论分析。

在案例撰写过程中,还需注意以下几点。

(一) 注重细节

要想撰写的教育案例有价值,首先就要写好"事件部分"。教育对象的年级、特点、成长环境,教育事件发生的环境、氛围,还有与事件有关的其他信息等,都应有个巧妙的交代。另外,事情发生的时间、地点、原因、经过、结果等,也要有清晰完整的叙述,要将自己的情感和心理活动自然融入其中。这就需要班主任注重平时的教育实践,做个有心人,学会甄别,注意积累。

（二）围绕观点

"点"是案例所要集中体现的主题,是文章的中心思想,是案例所要反映的核心理念。撰写的案例可以是成功的案例,也可以是失败的案例;可以是针对主题有所准备的,也可以是无意间引发思考的;可以是自己的,也可以是别人的;可以是对一个单独事件进行记载,也可以是对一系列相关事件进行连续性、追踪性的记载。但无论性质、形式如何,所撰写的案例必须突出一个鲜明的主题,提出一个有价值、富有启发性的问题,给人以启示,引人以深思。

（三）掌握标准

"标"是指要明确教育案例与其他文体的区别,不要与其他文体产生混淆。教育案例是对教育事件的真实记录、深入分析和理性升华,因此,从文体而言,它以记叙为主,兼有议论和说明,既区别于以说理为目的的议论文,教育案例是以归纳总结教育规律为目的;也区别于完整记录教育全过程的教育实录,教育案例是根据主题需要有选择性地记录教育的过程或片段;与教育随笔的不同在于,教育案例有规范的要求,而随笔的形式相对更加灵活。

总而言之,明确了教育案例的含义、特征和结构,就找到了教育案例撰写的"标",也就能区别于其他文体。

美国社会心理学家大卫·库伯认为,知识的获取源于对经验的升华和理论化。教育案例的撰写,需要选择恰当的素材,需要把握正确的方法,需要符合格式和规范要求。在教育案例写作过程中,班主任既是实践者,也是学习者和研究者,因此,一定也会感受到案例写作带给自己的改变,从内心感受到案例写作能促使自己成长。

小贴士:
- 案例的撰写一般都是先呈现案例,再作理论分析;要注意围绕一个主题,写清楚细节,注意文体特征。

思考题

在了解了什么是案例、怎么写案例、需要注意什么之后,你是否对撰写案例有了比较清晰的思路呢?请梳理一下自己的教育故事,写一篇教育案例。

（上海市朱行中学　胡丹英）

话题 16　课题研究有乐趣

　问题导引

如何从问题研究入手做好教育课题？

有了上述评语、随笔、案例的积累，你是否发现自己的笔杆子功夫提升了不少。恭喜你，距离成为优秀的班主任又进了一大步。班主任的专业成长之路已经开启，积累的教育案例将会成为教育研究的第一手材料。

相信初出茅庐、热血沸腾的你，也一定会对教育大咖的成长有过一番研究，因此会发现每一位名师都是经历了刻苦学习和潜心研究的过程。成为名师，对我们来说或许还太过遥远，但名师的成长之路却可以给予我们启示，即成为一名研究型教师。

一、在"润物无声"中筑基

对班主任而言，面对个性不同的学生和层出不穷的教育问题，是疲于应付，在焦头烂额中消耗掉所有热情，还是不甘平庸，发挥自己的智慧和才华去有所作为？如果是后者，就必须投身研究的行列，在"润物无声"中实现从教书匠到研究型教师的转型。

（一）在研究中学习

课题研究首先不是为了学生、为了班集体、为了学校的发展，而是为了自身拥有更充实、更有意义的工作与生活状态。只有自身的专业层次得到提升，才可以更好地为学生、为学校发展服务。班主任的研究也不一定会在短期内直接促成教育的成功，但在这个过程中，班主任的思维、观念和行为方式一定会发生转变，然后再持续作用于工作本身。从这个意义而言，班主任的研究从任何时候起步都不算晚。

（二）在研究中增效

班主任工作琐碎繁复，有些班主任即使做了一二十年的班主任工作，但他们一直是在最初的基础上循环往复，看似认真负责，却做得多、想得少，简单重复多、认真研究少。所以，面对新情况、新问题时，他们往往束手无策，推诿埋怨。因此，班主任要想在教育过程中变蛮干为巧干，变低效为高效，变被动为主动，就要走研究之路。只有去研究，思想才能发生碰撞和裂变，新旧方法的优劣才能得以鉴别，自身才能走出自我封闭的小世界，最终实现思想上的飞跃。

（三）在研究中成长

特级教师靳家彦曾经说过："教师不是诗人，但要有诗人的气质；教师不是演员，但要有演员的才能；教师不是哲人，但要有哲人的思考；教师不是将军，但要有将军的气概。"其中，要有哲人的思考，就是要求教师通过学习的广度和思考的深度，在研究中摆脱低水平重复和机械重复，成为有主见、有思想、有风格的优秀教师。

作为一名班主任，更应要求自己比一般教师有更为丰富的专业知识、更为扎实的基本功、更加先进的教学理念以及广泛的爱好和全面的知识。通过研究，不仅要成为教育"专家"，还要成为教育"杂家"，形成自己的教育风格，顺应时代育人的要求，因材施教，培养个性化学生，让自己螺旋式成长。

二、在"相看不厌"中蜕变

尽管有人说问题即课题，教育即研究，但教师的主业毕竟是从事教育教学工作，这就决定了教师的研究只能是业余的研究，因此，教师的研究不能太难太深。对于太难太深的课题，教师会失去坚持的动力。要有"相看不厌"的效果，教师的研究就不能脱离实际，要在具体实践中研究，更要注重实用和实效。因此，除了少数具有研究能力的骨干教师可以开展一些大课题研究外，大部分教师更适合开展小课题研究。作为新手班主任，更是如此。

（一）小课题，大意义

通俗地说，小课题研究是指教师个人或者是几个人的合作，将教师教育实践中遇到的问题转化为课题，以探寻教育具体问题的解决方法为研究对象，以问题的最终解决为研究目标，在较短时间内运用科研的方法，在研究过程中有计划地控制教育现象的发生、发展,探讨解决问题的方法,并对结果进行分析与归纳,以揭示和认识教育规律的研究。其重要特征是与教育实践的密切联系,任何一名教师在教育过程中遇到问题时都能进行研究。其结果可以直接应用于教师的教育实践工作。

作为班主任,有着得天独厚的研究条件,因为终日和学生为伴,每时每刻都可以捕捉到鲜活的教育案例,应对着各种各样复杂的教育情境。这些案例等作为实践经验,如果能通过科研的途径对其进行梳理、总结和提升,将会成为教师专业成长的宝贵财富,有效指导教师的教育工作,实现价值的最大化。小课题研究就是这种基于实践层面的,低起点、低要求、易操作、易见效的"草根式"研究。

同时,正如陶行知先生所言:"对于教育问题,用分析的、客观的方法研究。将大问题分析为数十数百个小问题,每一个小问题至少有一人继续研究办理,如是,即大问题也不难解决了。"大课题研究可以分成许多小课题研究,可以通过小课题研究把大课题研究具体化。做好小课题研究,可以为后续的大课题研究打好基础、培养能力,并做好充分准备。

(二) 定方向,寻策略

小课题研究与其他课题研究大致相同,一般包含以下几个阶段,即选择课题、设计方案、开展研究、收集资料、结题验收。为了更好地实施研究,在课题实施中可以遵循以下策略。

1. 在问题分析中形成课题

发现问题、解决问题是小课题研究的出发点。班主任在班级管理过程中遇到的各式各样的问题是小课题形成的来源。但并不是所有问题都可以成为课题,有些问题有研究价值,有些问题则没有。这就需要班主任在确定课题之前,将遇到的问题进行一次分类筛选,把经常遇到的、短时间内可以解决的主要问题确定为研究的课题。一般一个问题包括三个要素:给定、目标和差距。

问题给定是指问题的起始状态,即已经明确了的关于问题的描述;问题目标是指问题的答案,即对问题结论的描述;问题差距是指通过一定的思维活动才能找到答案,是问题给定和问题目标之间的直接或间接距离。

任何一个问题都由这三个要素组成,若分析后认为该问题有研究的价值,就可以确定为研究的小课题。例如,学生行为偏差原因的个案研究,其包含的问题是个案为什么会出现行为偏差。问题给定是个案行为习惯差，屡教不改，既影响了个人成绩，也影响了班风。问题目标是行为偏差的原因。问题差距是行为偏差的结果，这个结果可以表述为哪些原因导致了该生的行为偏差。

2. 在方案设计中明确思路

课题确定之后，紧接着要考虑的就是研究方法和思路。在理清方法、思路的基础上撰写的研究方案，是为研究搭建好总体框架。研究计划则是总体框架下的具体构思、蓝图设计，涉及每一个研究阶段的具体步骤、研究内容。

制定小课题研究的方案可以从"为什么研究、具体研究什么、怎样去研究"三方面进行，具体围绕四个要点来制定。(1)提出问题：针对什么实际问题确立了小课题，研究这个小课题有什么实际意义。(2)研究内容：界定题目中的关键词，包括研究的内容、重点、范围、对象等。(3)研究成果：可以有案例、故事等过程性成果，最终形成研究报告。(4)研究实施：规划好起止时间，明确每段时间内要完成的研究任务，以及分别要采取怎样的步骤。

计划和论证的重点则是要关注出现问题的原因、解决问题的措施、采用何种研究方法、达到的预期目标、具体的研究步骤等。

3. 在研究过程中解决问题

小课题研究针对的是班主任在日常班级管理工作中遇到的疑点、难点、盲点、热点问题，贴近教育实际，因此也要在实际教育过程中解决问题。在具体的研究过程中，班主任可以按照每学期、每个月的工作计划进行统筹安排，在每一天的教育过程中进行研究。在班级活动的设计中、在主题班会的安排中、在晨会课的教育中，班主任要时刻考虑：如何在这些教育活动中结合小课题研究进行实验，以及实验可能会产生的问题等。同时，及时做好记录、反思研究过程和总结分析得失，提出应注意的问题，即后续要进行的研究，如此循环研究直至问题解决。

4. 在总结提炼中得以升华

小课题研究的成果能否运用于日常教育实践中，研究经验总结和分析至关重要。可以按照以下步骤进行经验总结。(1)认真回顾。比如：为什么要选择这个课题；研究要解决的问题、预期的目标是什么；在准备阶段做了哪些工作，在具体实施阶段又进行了哪些研究；实施中碰到了什么样的困难，是采取何种措施进行解决的。(2)整理归类。管理类包括计划、总结、制度等；过程类包括活动方案、活动记录、音像资料等反映研究进程的材料；成果类包括总结的经验、发表的论文、获奖情况、学生作品等。（3）完成报告。对课题研究进行总体回顾，比如，总结经验，提炼方法，分析不足和可改进的措施，撰写研究报告，提出下一阶段的思考。

结题报告的格式和主要内容如表5-7所示。

表5-7　结题报告的格式和主要内容

课题的题目	一般表述为×××研究结题报告
课题的提出	简要叙述为什么要开展这次课题研究、选题的依据、研究的目标等
步骤与方法	写清如何开展这项研究，以及研究的对象和采用的具体方法、时间、步骤
实施的过程	讲清研究的过程、碰到了什么问题、是如何解决的
结果与成效（研究报告的重点）	对照目标，从具体实践的不同层面进行分析、总结：是否达到研究目标，达成的程度如何，是部分达到还是全部达到；解决了什么问题；采取的方法和措施哪些是有效的；有无探索出规律性经验，有无创新和突破，对今后工作有无借鉴作用；教师的能力是否提升，学生的变化如何；有哪些启示，有没有值得推广的经验和做法等
反思与展望	最后还可以反思一下课题研究中的不足，展望一下今后努力的方向

三、获"花开满树"的成长

"方向比努力重要，能力比知识重要，健康比成绩重要，生活比文凭重要，情商比智商重要。"人不怕走得远和走得累，就怕走错了方向。班主任进行小课题研究也是同样的道理，要想自己的研究收获"花开满树，馨香满怀"，还需要注意以下几点。

（一）方向决定价值

有些教师所开展的课题研究没有达到预期成果，收效甚微甚至以失败告终，往往是选题不当造成的。一个好的课题研究应该遵循"三做"原则，即想做、可做、能做。想做是指要从身边选择当前自己最想要解决且最需要解决的问题。可做是指要考虑到自己的经验、素养、时间、精力等因素，要从自身实际情况出发，做自己力所能及的事。能做是指要选择小而明确的具体问题，有具体明确的切入点，才能比较容易地进行实践操作。

建议班主任将所遇所见所思所想及时记录下来，为自己建立一个小课题研究"问题库"，便于随时提取：（1）班级管理研究，如关于班干部选用的研究、班级日常管理责任制的研究、如何开好主题班会的研究；(2)学生研究，如后进生自信心培养的研究、如何运用激励策略转变后进生的研究、单亲家庭学生心理特点的研究。

（二）思路决定出路

选定了方向后，在开展研究的过程中，还有一个问题不能轻视，即思维方式。如果总是被陈旧的思想所束缚，形成思维定式，就会画地为牢。许多教师的研究总是缺少突破，没办法取得成果，也有很大一部分原因是跳不出自己的"圈子"。因此，做小课题研究，有时需要从观念上进行突破，因为观念决定思路，思路决定出路。(1)思维发散法：在进行课题研究时，不必只遵循一种方法，可以从四面八方开拓思路，最后再从中选择最佳方案。(2)陌生原理法：带着陌生的视角去审视周围的人或事，即将熟悉的人或事当作陌生的人或事对待，突破习以为常的思维定式，产生不同以往的新认识。(3)逆向思维法：把一种方法、一种观点或一种事物的正反、上下、左右、前后、里外等颠倒一下，从相反的角度思考问题。

无论采用何种方法，关键还是在于学会转换思维角度，拓宽自己的思路，方能使小课题研究取得成果。

（三）内容决定方法

实践方法是连接研究计划和研究目标成果的桥梁，如果没有合适的方法，往往会使课题研究事倍功半。因此，对教师个人而言，总希望能采用一种最好的研究方法来助力研究计划的顺利达成。但其实因为选题不同，研究的内容也不一样，每个项目采用的方法也会不同。只要是能发挥自己专长的，适合自己研究内容的，那就是好方法。总体而言，班主任的小课题研究基本采用行动研究法，在行动研究法的具体实施过程中还可以结合以下方法。(1)叙事法是指通过叙事的方式来开展研究。通过对有意义的教育事件、教育经验的描述分析，挖掘内隐于事件、经验和行为背后的教育思想、理论，从而发现教育的本质、规律和价值意义。(2)案例法是指通过一个或多个教育情境故事的讲述来分析、讨论、归纳，找到最终解决实际问题的方法。(3)调查法是指以访谈、座谈、问卷、测试等方法为手段，以正确的理论和思想为指导，有计划地进行广泛了解，掌握相关的经验、问题和教训，并在此基础上进行分析，得出结论，用于教育实践。(4)文献法是指针对需要解决的问题，通过网络、书籍、报刊、影像等资料查找所需信息资料的方法。在前人研究的基础上进行信息的加工整理，归纳新的论点或结论。

通过上述内容的介绍，相信大家也知道了小课题研究的过程、如何发现小课题研究的问题、如何制定小课题研究的方案和方法。课题研究的方法还有很多，在研究的过程中，不仅要勤奋、肯干，还要多用灵活、巧妙的方法来有效率地开展研究。

小贴士：

- 一个好的课题研究，一定是教师自己想做的、可做的、能做的；研究过程主要以行动研究为主。

思考题

如何从小课题研究着手做好教育课题？请选择班主任工作中的一个问题作为研究方向，来开启课题研究之路。

（上海市朱行中学　胡丹英）

附录

养成好习惯从第一份班级公约开始

刚入职的新教师碰到一群一年级学生,是一种怎样混乱的开始? 一个菜鸟教师如何实现自我救赎? 如何让班级变得井井有条? 经过几名老教师细心地点拨后,我决定行动起来,制定一份班级公约,让班级变得井井有条。教师和孩子们都可以做到"有规可行,有规可依"。

一、人人参与定公约

我决定开展一节班会课,制定第一份班级公约。参与人是家长、学生和教师。

1. 了解公约(教学片段)。

教师:请大家说说进入学校后应该遵守哪些纪律。

生1:上课时,要认真听讲。

生2:吃饭时,要没有声音,文明就餐。

生3:下课时,要文明休息,不要跑得满头大汗。

教师:请你们说说自己发现哪些同学违反了学校的纪律。

生1:我发现红红同学上课一直被老师提醒,让她注意听讲。

生2:我发现小丽下课的时候一直在跑,每次都满头大汗地进教室上课。

教师:是啊,刚才你们说的问题,老师每天都在提醒小朋友,但还是有小朋友会记不住老师说的话。为了让大家都能遵守纪律,我们班需要制定一份班级公约。班级公约就是班级成员都应自觉遵守的一种约定。老师这里有一份空白的公约,让我们自己动手制定出自己班级的班级公约。请你们回家和爸爸妈妈一起讨论,由你们口述,家长代写。

2. 制定公约。

经过一周的观察和讨论,我们发现一些习惯是班级学生本身就养成的习惯。比如:每天早上准时上学,不迟到,不早退;能准时上交作业;进出校园时能有礼貌地和老师、同学问好。但是,有的习惯学生却没有养成,如自理习惯、及时订正作业的习惯、自觉晨读的习惯。综上考虑,我结合学校的行为习惯要求和学生的建议后,确定将以下几方面作为班级公约的行为习惯和学习习惯。

附录表 1　班级公约空白表

班级公约	
行为习惯	学习习惯

附录表 2　班级公约中的行为习惯和学习习惯

班级公约	
行为习惯	学习习惯
排队习惯	晨读习惯
就餐习惯	课前准备习惯
借物品习惯	专心听讲习惯
物品摆放习惯	发言习惯
爱护公物习惯	读课文习惯
课间休息习惯	写字习惯
整理书包习惯	订正作业习惯

3. 帮助记忆。

每一条好习惯的养成都有它的具体要求。想让一个刚上学的孩子一下就记住这些公约是比较难的,于是,我采用口令儿歌和情境表演的形式,让孩子们在轻松愉快的氛围中明白各项好习惯养成的具体要求。

课前准备儿歌:上课铃声叮铃响,小朋友们坐端正,学习用品准备好,静候老师来上课。

整理书包儿歌:仔细对照课程表,书本从大到小放,作业通知单独放,铅笔橡皮准备好,给文具盒找到家。

写字儿歌:头正身直,脚放平,"一拳、一尺、一寸",记心间。

发言儿歌:要发言先举手,老师请我,我再说。

就餐儿歌:走出教室去洗手,排队有序进食堂,安静用餐不讲话,样样都吃不浪费,饭后餐具回原位,轻轻摆放有秩序,桌面干净不油腻,文明用餐人人夸。

还有些规范可以通过情境表演来教导学生。比如,整理书包这一条,可以请某个小朋友表演一个一天到晚丢三落四的学生。该家长一天帮孩子送了三次东西,第一次是水杯,第二次是作业,第三次是课本。这样有趣的情境表演可以让学生知道每天晚上整理书包的益处。

二、循序渐进守公约

如果把这些公约一下子都教给这群刚入学的一年级学生,结果肯定是事事都抓,但是没有一条公约是执行到位的。所以,我采用的是一个月养成好习惯的方法。一周明理,一周强化训练,两周巩固落实。这些习惯也不是全部落实,而是分步落实,有先有后,每个阶段各有侧重。

比如,刚开学的一个月,可以先学习行为习惯中的排队习惯、就餐习惯和课间休息习惯。同时,对学习习惯中的课前准备习惯、专心听讲习惯和发言习惯进行操练。因为这6项内容是开学一个月内急需养成的好习惯,所以,我把它们作为第一期的养成训练目标,打算用一个月时间来落实。比如,课间休息的习惯,第一周是明理阶段:我会告诉孩子们下课休息时的要求。第二周是强化训练阶段:每节课下课后,我都会先让孩子们通过念口令来熟悉课间文明休息的规则——下课了,下课了,书本放放好,拿出水杯喝口水,课间休息要文明,不吵不闹我最棒。然后,安排4名课间文明休息监督员轮流管理和监督大家的下课休息情况。最后,我会在放学前抽出5分钟时间,点名表扬几位有进步的学生,同时对不能完成的学生提出要求。经过一周的强化训练后,孩子们对下课文明休息有了一定的认识。接下来的两周,我坚持标准,严格落实公约。一个月后,孩子们就基本养成了"不跑不闹,文明休息"的课间休息好习惯。

第一期的养成训练目标基本达成后,学生们初步能适应小学生活了。于是,我开始实施一周落实一项行为习惯和一项学习习惯的训练措施。事实上,一些行为习惯和学习习惯在前期也有一定渗透,现在是用一周时间再次明确要求,强化训练。同时,在每次的检查评比中进一步规范行为,促进学生们养成好习惯。

这样循序渐进地训练,一点点地增加训练内容,让一年级学生一步一个台阶,慢慢适应小学生活。第一学期结束后,这几项公约都能得到落实。第二个学期是不是就不用训练了?当然不是,第二学期则是巩固训练,直至内化成为学生的好习惯。孩子们的好习惯养成不是统一的,有的孩子甚至在某阶段出现一会儿好一会儿坏的情况,这时老师要及时给予单独指导。

三、奖惩有度爱公约

一项规则的执行必须有它的奖励和惩罚制度,因此,为了鼓励学生,调动学生遵守公约的积极性,我制定了三类奖励制度。

第一类奖励:每日小红花。如果学生当日能认真执行本周规定的条约,则由老师或者监督员在该学生名字旁边贴上小红花。如果当天违规严重,则贴上三角警示牌,以提醒该学生。一周表现良好后,该学生可以申请取消警示牌。

第二类奖励:评选周好习惯星。在每周五的午会课上,老师进行一周总结,评选出本周行为习惯星和学习习惯星,给他们送上表扬信和小奖品。同时,把他们的头像贴到表扬墙上,成为大家的榜样,供大家学习。

第三类奖励:评选好习惯七彩星。在一学期期末时,老师做一个视频,回顾本学期被评选为行为习惯星和学习习惯星的学生。推选出三名好习惯最多的学生当选为好习惯七彩星,送上学校的奖状和小礼品。这样有仪式感的过程能激发学生对好习惯的向往和对拥有好习惯的自豪。

作为班主任,要养成低年级学生的好习惯是一项烦琐细致的工作。但只要确定培养目标,通过科学的方式,持之以恒地训练学生,就一定能帮助他们真正养成好习惯。让好习惯陪伴终身,受益终身。

(上海市金山区朱泾第二小学　张辉霞)

小小灯笼　大大匠心

【活动对象】

小学三年级学生

【活动背景】

习近平总书记指出:"中华优秀传统文化是中华民族的精神命脉。优秀传统文化是一个国家、一个民族传承和发展的根本,如果丢掉了,就割断了精神命脉。"习近平总书记还强调,要培养德智体美劳全面发展的社会主义建设者和接班人。习近平总书记对劳动教育的高度重视,准确揭示了当前劳动教育被淡化、弱化的弊病。

在元宵节这一中国传统节日中,灯笼制作作为典型的中国传统民俗技艺,越来越被大众所淡化。因此,大多数人忽视了传统文化和传统技艺存在的价值及意义。希望借助本次主题教育课,能让学生通过了解在元宵习俗中灯笼制作是不可或缺的手工技艺,来增强对节日文化的体验和感悟传统手工艺者的工匠精神,了解传统手工技艺的重要性,传承中华传统美德。

【活动目标】

1. 通过观看视频和小组讨论,了解元宵节和灯笼的相关知识。

2. 通过小组讨论和大组交流,体会灯笼的传统文化意义。

3. 通过制作灯笼和观看视频,感悟传统手工艺者的工匠精神。

【活动准备】

1. 搜集有关元宵节和灯笼制作的视频与音乐。

2. 制作板贴。

3. 制作主题教育课 PPT。

4. 准备制作灯笼的素材。

【活动过程】

一、初步感知,知道元宵节和灯笼的相关知识

1. 初步了解元宵节的相关知识。

(1) 学生观看视频,让学生思考关于元宵节的相关知识。

(2) 结合学生实际情况,说一说上海是怎么过元宵节的。

(3) 猜灯谜:一个南瓜两头空,肚里开花放光明,有瓜没叶高高挂,照得面前一片红。

2. 进一步了解灯笼的相关知识。

(1) 学生交流:除了传统的红灯笼外,还见过哪些造型的灯笼。

(2) 观察灯笼图片,说一说灯笼上都会出现哪些元素。

设计意图:通过观看视频,激发学生兴趣,让学生快速融入课堂,了解元宵节的相关习俗与文化。通过猜灯谜的形式,让学生自己揭示本节主题教育课的主题——灯笼。学生通过自己观察的方式,了解不同的灯笼。

二、深入探究,了解灯笼的意义

1. 思考为什么元宵节要挂灯笼。

(1) 小组讨论:在灯笼上写上元宵节挂灯笼的意义。

(2) 大组交流:上台说一说元宵节挂灯笼的意义。

(教师总结:喜庆、祝福、团圆)

2. 观看在元宵节时制作灯笼的图片。

设计意图:通过小组讨论的形式,探讨元宵节挂灯笼的意义所在,对灯笼有进一步的认识。

三、手工制作,感悟工匠精神

1. 小组合作,制作灯笼。

2. 学生发言,交流感受。

3. 观看视频,感悟匠心精神。

(教师总结:细心、耐心、恒心)

师:同学们可以发现,高老师把这个视频快进了,所以你们只看到了短短的一两分钟,其实整个灯笼的制作过程可能要花费大半天甚至有可能是几天时间。这还只是制作一个小灯笼的时间,如果是城隍庙的那些形状各异的灯笼或者花灯节上的大灯笼,你们能想象需要花费多少时间吗?这些手工艺者用他们的细心、耐心和恒心完成了这些漂亮的作品,这就是我们一直所说的手工艺者的精神,即工匠精神。小小的灯笼,体现的是大大的匠心。

设计意图:通过动手实践以及观看视频的方式,让学生感受传统工艺品制作的困难所在,感悟工匠精神。

四、结束语

1. 布置课后任务,展示实践单。

2. 教师总结。

师:元宵节是我们中华民族的一个传统节日。一年中这样的传统节日还有很多,例如,清明节、中秋节、重阳节等。做灯笼是元宵节的一种传统习俗和文化,在其他的节日中也有不同的传统习俗和文化。大家可以课后去找找还有哪些传统习俗和文化是需要我们传承的。希望在这节课之后,大家能和爸爸妈妈一起多多体验传统节日中所涵盖的传统文化。愿我们都能成为一名传统文化的传承者和传统技艺的“匠心人”。

设计意图:从元宵节这一传统节日延伸到其他传统节日,让学生也能在课后去了解一些关于传统节日的知识和文化,总结并升华本节主题教育课的教育主旨。

【课后反思】

随着现代社会的进步和西方节日的入侵,中国传统节日越来越被大家所忽略。很多学生对圣诞节、万圣节的重视比对元宵节、清明节等传统节日的重视要多。每一个节日都是中华民族和中华优秀传统文化的重要标志,要让学生秉承习俗,传承经典。因此,我设计了本节主题教育课。

本节主题教育课分为三大板块:(1)初步感知,知道元宵节和灯笼的相关知识;(2)深入探究,了解灯笼的意义;(3)手工制作,感悟工匠精神。其中,所有的活动都是围绕这三大板块展开,环节设计比较清晰,主线索比较明朗,内容选材也比较符合小学三年级学生的认知特点。所设计的环节如猜灯谜、做灯笼等,增加了本节主题教育课的趣味性。

从形式上来说,本节课形式多样。例如:通过观看视频,让学生了解元宵节的相关知识;通过猜灯谜的小游戏来引出灯笼这一主题;通过小组讨论并让学生自己贴板贴,让学生了解元宵节挂灯笼的意义;通过制作灯笼,让学生增强对传统节日文化的体验。

从教育对象上来说,本节课以学生为主,让学生主观了解关于元宵节和灯笼的知识,让学生通过观看视频、动手制作的形式来感悟传统文化的内涵,进而养成自己学习知识、感悟文化内涵的习惯。但是,由于老师提问范围略窄,对学生回答问题时的引导不够,导致学生发言并不踊跃,对个别问题回答方向的把握不够。

从教育目标上来说,本节课的教学目标为:(1)通过观看视频和小组讨论,了解元宵节和灯笼的相关知识;(2)通过小组讨论和大组交流,体会灯笼的传统文化意义;(3)通过制作灯笼和观看视频,感悟传统手工艺者的工匠精神。在最后的总结部分,将本节主题教育课的内涵进一步升华,让学生能通过课后的学习和生活实践来了解更多关于我国传统节日的知识及其所包括的文化内涵,让这些传统节日代代相传。

在这节主题教育课中,我尽量让学生在学习中体验,在体验中感悟,在感悟中成长。更重要的是,希望通过一节这样的主题教育课,能让学生了解我国的传统节日,传承中华优秀传统文化。

(上海市金山区海棠小学 高珺梅)

班规与自律伴我成长

【活动对象】

高一学生

【活动背景】

高一(8)班成立两个月以来,在班级日常管理和班级活动开展下,班级的凝聚力逐步提升,班级学生的个人能力出众,部分学生的表现欲很强,在课堂上能与教师积极互动,形成了浓厚的学习氛围。但在一些学生认为不重要的课中,时常出现因想要表现自我而扰乱课堂秩序的行为,甚至使任课教师无法正常授课。

从学生个体的角度分析,出现这一现象的原因之一是缺乏自律意识。比如,有些学生为了表现自我而哗众取宠,吸引老师和其他同学的关注。

从班级整体的角度分析,出现这一现象的原因之一是班规制定后缺乏执行力,导致有法可依却有法不循。

本节课结合班级和学生的实际情况,以规则为切入点,通过讨论班规制定的意义及执行方法,进一步规范班级整体的秩序。再通过各种教育手段和形式,对自律进行深入理解。最后,引导学生结合班规与自律,规范自己的言行,以此改善班级现状。

【活动目标】

1. 通过思考讨论,进一步理解制定班规的意义,增强规则意识。

2. 通过情景模拟,意识到自我约束的重要性,提升自律品质。

3. 通过制订 30 天自律计划,能将班规与自律有效结合,落实自律行为。

【活动准备】

制作主题课 PPT;进一步修订和完善班规;制作 30 天自律计划表。

【活动过程】

一、情境引入及讨论

1. 播放视频《台湾立法机构临时会上爆发冲突》。

2. 思考并回答:看了视频后你有什么感受?

3. 介绍《罗伯特议事规则》的由来及议事的四条基本规则。

（1）机会均等原则。任何人发言前须示意主持人，得到其允许后方可发言。主持人应尽量让意见相反的双方轮流得到发言机会，以保持平衡。

（2）发言完整原则。不能打断别人的发言。

（3）文明表达原则。不得进行人身攻击，不得质疑他人的动机、习惯或偏好。辩论应就事论事，以当前待决问题为限。

（4）遵守裁判原则。主持人应制止违反议事规则的行为，有这类行为者应立即接受主持人的裁判。

4. 思考并回答以下问题。

（1）他们为什么要这样做？

（2）他们在争夺的是什么？

（3）立法的最初目的是什么？

5. 介绍"天下为公"的思想及立法的目的。

用法律来规范人们的行为，让人们明确行为的规则，明确应该怎么做，不应该怎么做，以及违反了法律将会受到什么样的惩处。这样，才能创造出一个安定和谐的生活与社会环境。

设计意图：通过观看视频中台湾立法机构议事时的混乱场面，感受规则的重要性。再介绍议事的基本规则，规范课堂上应举手发言的秩序。进一步思考制定规则的意义是为了维护大多数人的利益，并建立安定和谐的环境。

二、班规大讨论，让自律有规可循

1. 展示图片：高一(8)班班规、华东师范大学第三附属中学学生手册(校规)、《中小学生守则》。

2. 思考并回答：(1)班级有必要制定班规吗？(2)遵守班规的同时，为什么还要遵守《中小学生守则》与校规？

3. 情境展示：昨天，我们拟定了新的班规——上课时应遵守课堂秩序，不应出现以下行为：(1)大声喧哗，干扰老师上课；(2)吃零食；(3)做其他学科作业；(4)睡觉；(5)唱歌；(6)其他扰乱课堂秩序的行为。

4. 小组讨论：我们的班规应该怎么执行？

从以下两个角度提出建议：(1)执行者是谁？执行者是否守法？执行者是否受监督？(2)执行的方式是处罚还是教育？

设计意图：在理解制定规则的意义之后，针对班规开展讨论，明确遵守班规和遵守校规、《中小学生守则》是不矛盾的,并针对班级中部分学生不合适的想法进行讨论,引导学生进一步认识制定班规的意义。最后,从班规执行的角度广泛听取学生意见,使班规执行小组明确自己的身份及职责,把班规用得更好。

三、同伴互助,让自律不再迷茫

过渡:并非所有的行为都能用班规约束,我们更需要自律。

1. 情境展示:期中考试后……

A 同学每天做英语作业时,都会用手机查阅单词。查完单词后,他总会玩一会儿王者荣耀。等他意识到作业还没完成时,已经晚上 11 点了。他赶紧开始写作业,每天要到凌晨 1 点才睡觉。第二天上课总是迷迷糊糊的,有时还想着游戏里发生的事,神情恍惚,他也想改变现状。

思考并回答:(1)如何评价 A 同学的行为和想法?(正、反)(2)你会给他提哪些可行的建议?

2. 情境展示:订正地理作业时……

B 同学在高考中打算加试地理,因为初中时他的地理基础不怎么好,所以他打算在高中认真学好地理。可是,高中的地理课一个礼拜只有 3 节,作业也不是每天都有。渐渐地,他又回到了初中学习地理的状态。期中考试后,老师要求及时订正地理试卷。他并没有当回事,第二天早上拿了同学的答案就抄写在试卷上。事后,他也十分后悔。

思考并回答:(1)如何评价 B 同学的行为和想法?(正、反)(2)你会给他提哪些可行的建议?

3. 介绍明代思想家王守仁的名言"知而不行,是为不知",勉励学生知行合一,做到自律。

4. 夸夸我们身边自律的好榜样。

设计意图:通过模拟身边真实发生的情境,引发学生思考如何从小习惯做起,做到自律。在此基础上引导学生做到知行合一,让自己更具有执行力,并引导学生发现身边自律的榜样,发挥正面引领作用。

四、坚持 30 天,让自律成为习惯

1. 共同填写 30 天自律计划表,制订自己的自律计划。

2. 学生代表交流自己的自律计划。

3. 班主任介绍自己的自律计划:每天坚持找一名学生认真谈心,因为相信高一(8)班的每一个学生都能更优秀。

设计意图:通过坚持 30 天的形式,让学生把自律计划落到实处,并通过互相交流,互相督促,执行好自律计划。

五、总结:班规与自律伴我成长

班规告诉我们如何做一个合格的学生,但自律才能让我们成为优秀的学生。我期待在接下去的一个月中,我们首先能把班规执行好,让课堂更加有序。我更期待每个同学的自律表上都能打满勾,让自律成为一种习惯,让我们成长得更好。

设计意图:回到班会的出发点——让我们成长得更好,勉励学生在合格的基础上做到优秀,让班规和自律伴我成长,升华班会主题。

【活动反思】

1. 主题教育课是班主任的主阵地。一节准备充分且成功的主题教育课,既能引领学生健康成长,也能让班主任收获教育的成就感,在此基础上增进师生感情,有利于后续工作的开展。

2. 这节班会课贴近学生和班级的实际情况,通过讨论交流和师生点拨,学生在内省的过程中有所提升。在班会过程中,部分学生很愿意说,每个问题都踊跃举手发言且都很能说,能主动参与课堂。因此,应该创造更多的机会,让更多的学生有机会表达观点。

3. 课堂中的生成被及时捕捉到,起到很好的效果。在讲到制定班规的意义时,有学生引用班训:因为“我们和他们不一样”。我马上询问,班训的重点是在“不一样”,还是在成为优秀的“我们”。学生马上意识到班规是让我们变得更优秀,而并非与众不同。

4. 结尾应该有主题升华。学生长大后是社会的公民,可以联系社会主义核心价值观中的法治,增强学生的公民意识。

(华东师范大学第三附属中学　马　赟)

图书在版编目（CIP）数据

班主任舞步 / 袁晓英主编. — 上海：上海教育出版社，2023.11
（上海教师教育丛书. 知会书系）
ISBN 978-7-5720-2396-5

Ⅰ.①班… Ⅱ.①袁… Ⅲ.①中小学－班主任工作－研究 Ⅳ.①G635.16

中国国家版本馆CIP数据核字(2023)第229150号

总 策 划　刘　芳　宁彦锋
责任编辑　公雯雯　袁　玲
书籍设计　王　捷

上海教师教育丛书　知会书系
班主任舞步
袁晓英　主编

出版发行　上海教育出版社有限公司
官　　网　www.seph.com.cn
地　　址　上海市闵行区号景路159弄C座
邮　　编　201101
印　　刷　上海商务联西印刷有限公司
开　　本　700×1000　1/16　印张 12
字　　数　196千字
版　　次　2023年12月第1版
印　　次　2023年12月第1次印刷
书　　号　ISBN 978-7-5720-2396-5/G·2124
定　　价　56.00 元

如发现质量问题，读者可向本社调换　　电话：021-64373213